MARC ORAISON

Wie moralisch ist die Jugend?

Argumente für eine dynamische Ethik

KÖSEL-VERLAG MÜNCHEN

Deutsch von Monika Funke

ISBN 3-466-20151-9

Titel der französischen Originalausgabe: »Pour une éducation morale dynamique. Changements d'optique nécessaires«, Editions Fayard/Mame, Paris 1970 (ISPC, Langages de la foi, Collection de l'Institut Supérieur de Pastorale Catéchétique, dirigée par Gérard Defois), Printed in Germany. Gesamtherstellung: Graphische Werkstätten Kösel, Kempten. Entwurf des Schutzumschlages: Christel Aumann, München.

FÜR ANDRÉ LAURIA

INHALT

Vorwort

Für einen älteren Menschen ist es heute nicht leicht, zur Jugend über Fragen der Moral zu sprechen. Er riskiert, gar nicht erst gehört zu werden. Schon das Wort Moral ist verdächtig. Es drückt immer schon den Willen eines anderen, nämlich des Erwachsenen, aus, einen Willen, der einschränkt, begrenzt, untersagt und persönliche Integration und Selbstfindung verhindert. Der Jugendliche, mit dem man über »Moral« spricht, gerät ständig in eine paradox erscheinende Reaktion: Man hindert ihn nämlich daran, sein *moralisches* Wesen zu verwirklichen. Heute bringt die »Moral« das Risiko mit sich, bei der »Unmoral« zu enden. Angebliche »Unmoral« aber ist vielleicht nur ein Protest im Namen der fundamentalen moralischen Forderung selbst.

Man muß zugeben, daß die sogenannte Welt der Erwachsenen oft die Verantwortung für diese Entwicklung trägt – in gutem Glauben übrigens. Wenn die Jugendlichen, wie man es im Mai und Juni 1968 gesehen hat, in einem Ausbruch von »Unordnung« protestieren, haben sie vielleicht gute Gründe dafür. Das heißt nicht, daß sie »jede Moral verwerfen«. Es scheint vielmehr, daß sie eine solche suchen, die sie zu ihrer Sache machen können. Man müßte blind sein, wollte man nicht bemerken, daß diese Revolte ihren Ursprung in einer positiven menschlichen Gesinnung hat. Diese Gesinnung ist sicher nicht neu und liegt jeder historischen Bewegung gerade in deren Ambivalenz zugrunde.

Diese positive menschliche Haltung hat ihren Sinn und macht sich trotz des manchmal jahrhundertealten Gewichts von Illusionen und Konformismen immer wieder geltend. Der Mensch wird immer nach einem Verhaltensideal suchen – in einer ununterbrochenen Folge von Krisen und Entwicklungsstadien. Wir leben in einer Krisenzeit. Aber mit dieser banalen Feststellung erhebt sich die Frage, ob man nicht in menschlicher Solidarität versuchen könnte, die Bedeutung der Krise miteinander zu erkennen. Und zwar wir, die »Erwachsenen«, indem wir versuchen, die Forderung der »Jugend« zu hören. Die Jugendlichen andererseits, indem sie zur Kenntnis nehmen, daß wir keinen Absolutheitsanspruch stellen und daß auch wir auf der Suche sind – in jener dem menschlichen Dasein bestimmten Unsicherheit, die, wenn man sie nur im Lichte eigenen Suchens sieht, unerbittlich ist.

Alles in allem: Sind es nicht die jungen Leute, die in dreißig Jahren werden leben müssen? Wir, wie man so schön sagt, »werden dann nicht mehr sein«. Oder wir werden uns in einem Zustand des Verfallens befinden. Und sie werden sich vor die gleiche Auseinandersetzung mit ihren Kindern gestellt sehen. Könnte man ihnen nicht im voraus helfen, nicht nur ihr eigenes Schicksal in die Hand zu nehmen, sondern auch die Konfrontation mit jener Jugend zu bestehen, die sie erwartet und die für sie zweifellos sowohl Angst wie Reichtum bedeuten wird?

Das ist der Sinn dieser kurzen Überlegungen.

Ein 50jähriger spricht *nur* aus Erfahrung. Sein »Wissen« ist also relativ. Darin liegt aber das Problem: Denn das Kind verlangt nach Sicherheit, um »zu wissen, was es tun muß« und was es noch nicht weiß – und gleichzeitig versucht es doch sehr schnell, eigenes »Wissen« zu gewinnen, vor allem *gegen* jemanden oder etwas, denn das Kind hat nur dieses Mittel. Wichtig wäre, daß es ihm gelänge, *mit* jemandem zu suchen und nicht nur *als* jemand.

Besteht nicht das Ziel jeder Erziehung, jeder Anstrengung und Überlegung darin, Autonomie *und* Bindung für jedes menschliche Gewissen zu erreichen?

Man muß einsehen, daß es sich hier um fast Unmögliches handelt.

Aber soll man deswegen die Hände in den Schoß legen?

Ostern 1970

I. Jugend – Zeichen des Suchens

Mobilis in mobile ...

Dieser Wahlspruch des Kapitäns Nemo könnte die Situation des Jugendlichen heute charakterisieren.

Bewegung in der Bewegung.

Tatsächlich bedeutet »Jung-sein« per definitionem: menschliches Bewußtsein, das sich sucht und das noch zu keiner befriedigenden Lösung gelangt ist. Andererseits – banal, es zu erwähnen – ist die Welt heute in ständigem Wandel begriffen. Nun hat dieser Wandel selbst eine tiefe Bedeutung, die bis zum Bewußtwerden einer radikalen und unlösbaren Unsicherheit gehen kann. Es ist hier noch nicht der Ort, jene Überlegung über das moralische Verhalten des Menschen anzustellen, die fatalerweise zu Fragen ohne Antworten, zum sogenannten Mysterium, führt. Zuvor muß präzisiert werden, was unter »jung, Jugend, jugendlich« zu verstehen ist.

Das Adjektiv »jung« bezeichnet eine gewisse Persönlichkeitshaltung, Geschmeidigkeit und fortwährende Bereitschaft zur Anpassung, die wie ein Wunsch ist, das zu verstehen, was man noch nicht verstanden hatte. Diese Haltung muß nicht in Verbindung mit dem Lebensalter stehen. Es gibt 30jährige, die nicht jung sind, und andere, die es mit 80 immer noch sind. Das Substantiv »Jugend« bezeichnet einen Abschnitt in einem Menschenleben. Man spricht von Kindern, Jugendlichen, Erwachsenen, Greisen etc. Wenn das auch sehr schematisch sein mag, so kann man diese Periode des Lebens, die man Jugend nennt, zwischen die beginnende Adoleszenz und die volle und befriedigende Einschaltung der Person in das komplexe System der sozialen Wirklichkeit – im umfassenden Sinn des Wortes – einordnen. Die Anhaltspunkte, die das Lebensalter bietet, sind also relativ. Vielmehr sind soziales Milieu, Bildung und Berufsausbildung bedingende Faktoren. Dieser Aspekt ist nicht der einfachste der gegenwärtigen Frage. Denn häufig kommt ein Mann oder eine Frau – durch eine paradoxe Konsequenz des Fortschritts in Wissenschaft und Technik – erst in einem Alter zu dieser Eingliederung in die Erwachsenenwelt, das nicht dem Ende des physischen Wachstums entspricht.

Diese Jugendzeit verläuft nicht gleichförmig, doch könnte man eindeutige Abschnitte nur künstlich unterscheiden. Die endgültige Entfaltung einer Persönlichkeit, die bis dahin nur als Möglichkeit existierte, erfolgt weder auf einmal noch in gleichmäßig fortschreitender Entwicklung. Nur der Beginn ist einigermaßen deutlich zu bestimmen, denn er besteht in dem komplexen Phänomen der psychosomatischen Pubertät. Nach den Erkenntnissen der modernen Anthropologie kann jede Person ihr Verhalten von der Geburt bis zu diesem Zeitpunkt den Forderungen ihrer Bedürfnisse anpassen. Die Dressate, dann der Aufbau des Über-Ich und der Beginn des moralischen Gewissens waren so zunächst wesentlich eine Funktion des Willens oder der Worte von anderen. So war während der sogenannten Latenzzeit eine Existenzform, ein Beziehungsnetz entstanden, in dem die Person in etwa ihren Ort und ihre Zufriedenheit fand. Dort konnte sie sich vor allem auf der Ebene ihrer intellektuellen

Möglichkeiten und ihres Wissensdrangs weiterentwikkeln. Gewiß zeigten sich schon vom frühesten Alter an Bedürfnisse nach radikaler Autonomie und Initiative. Schon früh widersetzt sich das Kind, um seine Eigenständigkeit zu erfahren, aber aufs Ganze gesehen wurde die Selbstverwirklichung durch eine stärkere als die eigene menschliche Realität gewährleistet, die, ob sichtbar oder nicht, das letzte Wort hatte. Indem das Kind diese Abhängigkeit akzeptierte, fand es – trotz der Konflikte und Schwierigkeiten – das nötige affektive Klima, um besser leben zu lernen.

Das, was nun in der Pubertät aufbricht, ist im wesentlichen der vorherrschende Anspruch auf Autonomie. Das geschieht so, als würde das Beziehungsgefüge, in dem der junge Mensch lebt, von ihm als ungeeignet angesehen, um ihm das Feld einer Selbstverwirklichung, die er vage wie alles andere erahnt, zu garantieren. Die charakteristischen Merkmale der Periode des Adoleszenzbeginns sind zu bekannt, als daß es nötig wäre, näher darauf einzugehen. Man braucht nur an jenes elementare Kennzeichen zu erinnern, das die ganze menschliche Person prägt und das in diesem Augenblick des Lebens in einer fast dramatischen Weise aufbricht. Der Heranwachsende wird von zwei widersprüchlichen affektiven Kräften hin- und hergerissen. Die eine verweist ihn auf das Abenteuer der Suche nach sich selbst, die andere hält ihn zurück wie Heimweh, das konfus und so eine Quelle von Ängsten ist. Schnell, doch mehr oder weniger verworren, realisiert der Heranwachsende, daß er die Verantwortung für sein Verhalten in allen Bereichen allein übernehmen muß; »allein« heißt hier nicht, die anderen auszuklammern, jedoch *aus sich selbst* heraus zu handeln und mit einer Initiative, deren Quelle niemand anders sein kann als er selber. Mit anderen Worten: Aufgrund der unaufhaltbaren Dynamik des Seins sucht der Heranwachsende Verantwortung zu übernehmen, d. h. in den Augen der anderen ein vollwertiges menschliches Wesen zu werden. Zu wissen, was als Anhaltspunkt dienen kann, was ihm bei einer positiven und befriedigenden, wenn auch immer konfliktreichen Suche helfen kann, darauf kommt alles an. Es ist selbstverständlich, daß es sich dabei immer um einen Konflikt zwischen dem Anspruch der Umwelt und dem eigenen Verlangen handelt. Aber während dieser Adoleszenz ist es wohl gerade das Selbstbewußtsein, das sich in umfassendem Wandel befindet. Das Unbequeme dieser Zeit der Veränderung, sowohl für den Betroffenen als auch seine Umgebung, ist hinreichend bekannt. Wenn das Ich selbst unter der Krise des Aufbruchs leidet, ist es unvermeidlich, daß die Umgebung die Folgen zu spüren bekommt; denn bis zu diesem Zeitpunkt hatte jeder in einem anscheinend gut eingespielten Beziehungsgefüge gelebt.

Die Jugendzeit beginnt also mit dieser Krise des Aufbruchs und der Vervollkommnung der Person. Aber wie läßt sich ihr Ende definieren? Die Antwort kann nur schematisch und konventionell sein, d. h. allgemeine Anhaltspunkte geben, die in der komplexen Realität des Daseins stark wechseln. Zwei Anhaltspunkte sind folgende: erstens die Eingliederung in das Berufsleben und zweitens die explizite Anerkennung des gereiften sexuellen Vermögens der Person durch eine wie auch immer geartete soziale Umwelt. Das ist ein Aspekt der Ehe, der selten hervorgehoben wird. Man könnte sagen, daß das öffentliche Engagement für das Leben zu zweit neben seinem Wesen als Vertrag und sozialer Konvention vor allem den Anspruch der beiden Menschen meint, als völlig integriert in die menschliche Umgebung angesehen zu werden, in der sie aus der Fülle ihres sexuellen Bewußtseins leben werden.

Es ist wohl offensichtlich, daß jeder während dieser ziemlich langen Zeit der inneren Umwälzung seine ganze Lebensform in Frage stellt, die Art seines Verhaltens, die Richtung seiner Anstrengungen, fast alles, was sein moralisches Leben ausmacht.

Nun handelt es sich während der Zeit der Veränderungen für jede Person darum, eine befriedigende Eingliederung in die Gesellschaft zu finden. Es geht für jeden darum, leben zu können und sein Leben als lebenswert anzusehen, d. h. man sucht nach seinem eigenen Platz inmitten der anderen, in Verbindung mit ihnen, je nach den verschiedenen Ebenen seiner Beziehungen und der Umwelt. Während der Kindheit hatte jeder, vor allem unter dem Zwangseffekt der Erziehung, diese Eingliederung recht und schlecht gefunden. Im Zeitpunkt des Aufbruchs der Adoleszenz stößt der junge Mensch auf die weite menschliche Welt, und nur durch Annahme seiner selbst wird ihm jene Eingliederung in sie gelingen, durch die er hinreichende Befriedigung und Sicherheit finden kann. Sicher ist es wichtig, deutlich darauf hinzuweisen, in welchem Maße dieses Suchen des einzelnen unter der Wirkung aller anderen Menschen steht, nicht nur derer, die ihm nahestehen. Es ist bedingt durch die

Lebensform der Menschen, unter denen er lebt; d. h. es ist eine Funktion der Kultur und der Zivilisation, in denen der einzelne leben muß.

Jedes Suchen zielt von sich aus auf eine gewisse Stabilität, auf ein Minimum an Beständigkeit. Hier müßte man über den komplexen und widersprüchlichen Begriff der »Dauer« nachdenken. Jeder von uns hat das tiefe Empfinden, daß sein Leben nach einer ihm eigenen Zeit abläuft, die sich in die der anderen einfügt. Aber gleichzeitig empfindet jeder von uns noch mehr die Notwendigkeit, dieser Vergänglichkeit Dauer zu verleihen. Die Umgangssprache drückt das gut aus: Wenn ein Mann oder eine Frau die offizielle Anerkennung als Erwachsener erlangt hat, spricht man von *»sich etablieren«*. Wenn man sich etabliert, tut man das im allgemeinen, um sich nicht mehr zu verändern oder zumindest nicht zu bald. Wir alle kämpfen, ohne es selbst zu wissen, gegen das Bewußtsein in unserem Inneren: Unsere persönliche Lebensdauer, die gerade in der Dynamik unseres Daseins besteht, führt ihrerseits zu jenem unerforschlichen Ereignis, das der Tod ist. Durch eine Art schweigender und universaler Übereinkunft neigen die Menschen dazu, eine Methode gemeinsamen Lebens einzurichten (man mag sie Regime, Kultur, Zivilisation nennen), die als scheinbar definitiv und fast unveränderlich erlebt wird. Jede Struktur eines Gemeinschaftslebens, wie ausgedehnt oder begründet sie auch sein mag, will als solche dauern, so als ob die Menschen voll Trotz die fundamentale Bewegung nicht wahrnehmen wollten, die ihnen eigen ist; sie macht zugleich ihren Reichtum aus und erinnert sie an ihre Hinfälligkeit.

Bei der Suche des Heranwachsenden und des Jugendlichen nach Moral spielt die komplexe Gesamtheit menschlicher Konventionen der Gesellschaft, in der sie ihren Platz einnehmen müssen, selbstverständlich eine beachtliche Rolle. Der konstruktive Konflikt bei dieser Suche findet zwischen den eigenen, nicht zu unterdrückenden, aber noch ungenauen Wünschen und dem, was die soziale Umgebung als »Werte« anbietet, statt. Mit anderen Worten und stark vereinfachend: Die Zivilisation, in der der Jugendliche seinen Standort finden möchte, stellt ihm ein bestimmtes Ideal vor Augen. Und jede Zivilisation ist von sich aus dazu geneigt, die Prinzipien und Konventionen, die ihrem Aufbau dienten, nicht befragen zu lassen.

Natürlich wäre es naiv zu glauben, daß die Geschichte in aufeinanderfolgenden Sprüngen, die ihrerseits auf Perioden äußerster Ruhe folgen, voranschritte. Trotzdem ist es nicht falsch zu behaupten, daß im Hinblick auf diesen Versuch einer moralischen Integration der Jugend in eine Gesellschaft, die die ihre werden soll, unsere Zeit durch folgendes universale und umwälzende Geschehen geprägt wird: Die Zivilisation selbst wird in Frage gestellt. Bis vor ungefähr 50 Jahren bereiteten sich die jungen Menschen trotz der Kriege und Erschütterungen darauf vor, in eine verhältnismäßig beständige Welt einzutreten. Heute empfindet sich die Zivilisation selber als labil, und zwar zu einem Zeitpunkt, da der moderne Mensch, vielleicht stärker als je zuvor in der Geschichte, mit dem Unerforschlichen seines Schicksals konfrontiert wird. Der labile Heranwachsende sieht sich vor der Aufgabe, in eine Welt einzutreten, die selber labil ist. Das ist zweifellos ein neues Phänomen, das uns dazu zwingt, selbst über die Grundlagen der Moral nachzudenken und uns zu wehren, Opfer von Illusionen zu werden. Im Mai 1968 ist – deutlich oder undeutlich – eine materialistische Konzeption vom Menschen und seiner Bestimmung (sei sie nun kapitalistischen oder marxistischen Ursprungs) auf dramatische Weise in sich zusammengestürzt. Man kann ohne Übertreibung sagen, daß der 18jährige Jugendliche heute nicht weiß, in welche Welt er wird eintreten müssen. Während einer Diskussion, die auf einen Vortrag in einer Provinzstadt folgte, beklagte sich ein 70jähriger Philosophieprofessor, der voller guter Absicht und Liebe zur Jugend war, daß die Jugendlichen ihre Wünsche nicht artikulieren könnten. »Wir sind bereit, Euch alles zu geben, wonach Ihr fragt; aber sagt uns doch wenigstens, was Ihr wollt und was Eure Fragen sind.« Im Vortragssaal erhob sich ein junger Mann von 18 oder 19 Jahren und antwortete ganz ruhig, das genau sei das aktuelle Problem der Jugend, sie könnte ihre Wünsche oder Pläne nicht einmal für sich selbst konkret formulieren, und zwar wegen der Tatsache, die man den Zusammenbruch einer Zivilisation nennen könne. Und er schloß mit folgendem Satz, der keines Kommentars bedarf: »Worum wir die Erwachsenen bitten, ist, unsere Unsicherheit zu respektieren.«

Einerseits gilt, daß die Zeit der Adoleszenz und der Jugend für jeden Menschen eine Phase der Bewußtwerdung jener fundamentalen Unsicherheit ist, die die menschliche Natur genau charakterisiert. Andererseits kann man aber diese fundamentale Unsicherheit auch in jenem »Bruch der Zivilisation« erkennen, der unsere Zeit kennzeichnet. Es ist nicht erstaunlich, daß diese Unsicherheit sich bisweilen in aggressiven Explosionen ausdrückt.

Tatsächlich ist es diese grundlegende und vorherrschende Unsicherheit, die in den Augen der modernen Anthropologie das Wesen des Menschen ausmacht. Im Gegensatz zum Tier wird der Mensch nicht vom Instinkt geleitet. Das heißt, daß er sich selber seine Aktivität, seinen Sinn und seine Anpassung schaffen muß. Mit anderen Worten: Das, was das Menschengeschlecht charakterisiert, ist *die Unsicherheit.* Man weiß nicht einmal, ob das angewöhnte Verhalten auch dem mehr oder weniger bewußten Wunsch, der es motiviert, genau angemessen ist. Ob es sich um individuelles oder kollektives Verhalten handelt, Unsicherheit und Unruhe dominieren und sind nicht aufzuheben. Der fundamentale, universale Zustand, der jede Zivilisation in ihrer Suche nach Fortschritt kennzeichnet, ist das Gefühl der Unsicherheit. Es ist eine mehr oder weniger bewußte, individuelle oder kollektive, aber in jedem Fall radikale Unsicherheit. Man braucht sich nicht zu wundern, daß die Menschheit immer versucht hat, diese Unsicherheit zu beseitigen, manchmal sogar, sie zu verdecken. Heute zeigt sich mit dieser Grund-Unsicherheit ein Phänomen von großer Tragweite, das zweifellos neu ist, zumindest in dieser massiven Form. Natürlich läuft man immer Gefahr, historischen Simplifizierungen zu verfallen, aber man kann trotzdem verallgemeinernd sagen, daß bis zur heutigen Zeit die Menschheit spontan die Lösung ihrer Unsicherheit in einer imaginären, von der Unruhe projizierten

Welt oder in einem Wesen suchte, das man als eine »Gottheit«, allwissend und im Besitz des letzten Geheimnisses, darstellte. Man könnte es als das »vermeintlich wissende Wesen« bezeichnen, das – da es das Wissen besitzt – auch gleichzeitig die Macht innehat. Dieses »vermeintlich wissende Wesen« hat in der Geschichte Tausende von Gestalten angenommen, von den totemistischen Gottheiten bis hin zur monotheistischen Ausformung. Letztere manifestierte sich vielleicht schon zu gewissen Zeiten der ägyptischen Geschichte. Aber in jedem Fall wurde diese Gottheit, sei sie einfach oder vielgestaltig, magisch oder mythologisch oder in ihrer Struktur mehr oder weniger durch metaphysische Gedanken beeinflußt, stets als dieses »vermeintlich wissende Wesen« empfunden. Ihm schrieb man die Regeln menschlichen Verhaltens zu, bis hin ins kleinste Detail. (Es ist nicht überflüssig, daneben folgendes zu betonen: Die Offenbarung biblischer Dynamik verläuft in ganz anderer Richtung. Derjenige, der sich in der Bibel auf progressive und komplexe Weise offenbart, ist nicht ein »vermeintlich wissendes Wesen«. Er zeigt sich als Erlöser.)
Nun tritt zu Beginn der Moderne ein Phänomen menschlichen Denkens auf, das von einer ganz anderen Art und völlig neu zu sein scheint. Verallgemeinernd läßt sich sagen: Bis dahin befragte der Mensch, der das Geheimnis der Natur kennen und durchdringen wollte, dieses »vermeintlich wissende Wesen« in dieser oder jener Form. Ob durch Magie, Weisheit der Alten, Metaphysik oder Theologie, das »vermeintlich wissende Wesen« ließ sich »erweichen« oder »zwingen«. Oder es gelang, ihm durch verschiedene Bräuche einige

Bruchstücke des Wissens zu entreißen. Mit dem 17. Jahrhundert setzt das neue Denken ein. Natürlich war es durch eine Gedankenentwicklung, die mindestens schon ein Jahrhundert alt war, vorbereitet. Aber das Frappierende ist, daß diese neue Haltung der Menschheit in allen Anstrengungen des jahrtausendealten Suchens als Möglichkeit enthalten war, ohne klar wahrgenommen oder artikuliert worden zu sein. Die lange Menschheitsgeschichte mußte tatsächlich das 17. Jahrhundert abwarten, damit dieses Phänomen und diese Haltung klar hervortreten und alle Bedingungen menschlichen Denkens umwandeln konnten. Es handelt sich um den eigentlichen Beginn des wissenschaftlichen Denkens, der hier kurz skizziert werden soll.

Ein Mann wie Descartes hat, neben anderen, dieses Denken formuliert. Männer wie Pascal, Galilei und viele andere haben es in der Wirklichkeit der Forschung gelebt. Von da an abstrahiert der Mensch vom »vermeintlich wissenden Wesen«, um selbst die »Geheimnisse der Natur« zu durchdringen und Erkenntniselemente zu erlangen, die ihm erlauben, besser zu handeln. Er begibt sich selber auf die Suche. Die Wissenschaft als solche befreit sich ein für alle Male von ihrem Verflochtensein in Magie, Metaphysik oder Theologie, um einen eigenen Aufschwung zu nehmen und wirklich eine spezifisch menschliche Betätigung zu werden. Das verändert Sinn und Modalität der Suche nach einer Lösung der Ungewißheit. Die Folgen dieser veränderten menschlichen Haltung sind beachtenswerter und tiefergehend, als wir es uns vielleicht bewußtmachen können. Es ist eine gängige Behauptung, daß es zwischen dem Menschen des 12. Jahrhunderts und dem des 17. Jahrhunderts viel weniger Unterschiede als zwischen dem des 17. Jahrhunderts und dem des 20. Jahrhunderts gibt. Die Bedeutung dieser Umwandlung läßt sich in einem Satz wiedergeben: Die moderne Welt ist »entmythologisiert«. Die Phänomene, deren Wirkungsweise und Entstehung man heute kennt und begreift, schreibt man nicht mehr der »Gottheit« zu, welcher Art sie auch immer sein mag. (Das heißt übrigens nicht, daß man die letzte Bedeutung und Ursache der Phänomene kennen müßte.) Der Prozeß der »Entmythologisierung« betraf zunächst die Naturkräfte, dann die Lebewesen, besonders das Tier, und zuletzt in unserer Zeit (vor allem seit dem Beginn der Psychoanalyse) den Menschen selbst und seine Fragen. Gleichzeitig entstand, vor allem seit der Mitte des 19. Jahrhunderts, das Bewußtsein vom wesentlich evolutiven, dynamischen und auch – man muß es wohl sagen – beunruhigenden Charakter des beobachtbaren Universums, das menschliche Universum mit eingeschlossen. Hier liegt zum Beispiel die Bedeutung des Werks von Teilhard de Chardin. Die Geschichte selbst wird »entmythologisiert«. Es handelt sich natürlich nicht um eine exakte Wissenschaft im mathematischen Sinn des Wortes, aber trotzdem um eine Wissenschaft, d. h. um ein Wissen, das allein durch menschliche Kraft erreicht wurde. Von diesem Prozeß der »Entmythologisierung« werden selbstverständlich auch die historischen Dokumente, die wir über das Leben Jesu besitzen, nicht verschont. Es ist eine erstaunliche Beobachtung, daß, je stärker wissenschaftliche Erkenntnisse anwachsen und sich verfestigen, desto mehr die Grenzen des Unverständlichen zurückgehen und

sich umso mehr verstärken. Aber das ist ein anderes Problem.
Was unser Thema, nämlich die Moral, angeht, so ist die Konsequenz, die sich aus dieser veränderten Haltung ergibt, heute recht eindeutig und doch verwirrend. Man könnte sie folgendermaßen formulieren: Wer bewahrt das Geheimnis, nämlich, was zu tun ist, um unsere fundamentale Unsicherheit aufzuheben? Denn der Geheimnisträger hat auch die Autorität zu sagen, was man tun muß. Da nun das »vermeintlich wissende Wesen« selbst »entmythologisiert« ist, gibt es keine absolut souveräne und transzendente Autorität mehr, die uns in unserem Verhalten leiten könnte. Das ist vielleicht der wichtigste Punkt der heutigen Geschehnisse: Die »Gottheit« wird als bloße Einbildung angesehen und erscheint nicht mehr als Trägerin des geheimen Wissens, insbesondere auch in bezug auf unser Tun. Das »vermeintlich wissende Wesen« besitzt nicht mehr das Geheimnis der Moral. Diese Worte mögen paradox klingen, vor allem aus dem Munde eines christlichen Autors, der immer noch und mehr an das Geheimnis Christi glaubt – aber ein Mensch des 20. Jahrhunderts kann eben gerade nicht das Geheimnis Christi, das für ihn absolut zentral ist, in einem Rückgriff auf das vorwissenschaftliche »vermeintlich wissende Wesen« konzipieren. Wenn man z. B. sagt: »Gott ist tot«, dann ist das völlig richtig: Ein bestimmtes Gottesbild hält den wissenschaftlichen Erkenntnissen nicht stand. Aber häufig vergißt man, daß eben diese wissenschaftlichen Erkenntnisse eine unausweichlichere Frage als je zuvor stellen, auf die wir nicht antworten können. Was die Moral angeht, so ist der

moderne Mensch in gewisser Weise gezwungen, den Sinn der Dynamik seines Handelns und seiner Autonomie in sich selbst zu suchen, aus der Kenntnis seiner Wünsche und seines Ungenügens. Er kann sich nicht mehr vor ein »vermeintlich wissendes Wesen« stellen; er muß die manchmal unerträgliche Forderung durchleben, selber zu entdecken, was zu tun ist. Das löst genausowenig seine Unsicherheit, aber es ist selbstverständlich, daß sie so einen anderen Stellenwert erhält. Ohne gängige Vergleiche strapazieren zu wollen, könnte man sagen, daß sich die moderne Menschheit in einer Situation befindet, die derjenigen des Heranwachsenden gegenüber dem Erwachsenen vergleichbar ist: Er muß seine eigene Autonomie allein entdecken. Aber das bedeutet nicht, daß er die Erwachsenen verdrängen müßte. Er sieht sie einfach anders. In bezug auf die »Gottheit« ist der Prozeß wie folgt vergleichbar: Der moderne Mensch erträgt das »vermeintlich wissende Wesen«, das sein eigenes Suchen nach Autonomie blockiert, nicht mehr. Aber das heißt keineswegs, daß er das wirkliche Geheimnis dessen leugnete, der sein Schicksal vollendet und dem man von nun an auf ganz andere Art begegnen muß.

Wie ein Kind, das von einem Erwachsenen annimmt, er wisse alles im voraus, das sein Verhalten Schritt um Schritt nach dessen Worten richtet, und das heißt nach dem *Gesetz*, genauso hat, in gewissem Sinne, die Menschheit bis in die Neuzeit in Hinordnung auf ein *Gesetz* gelebt, das man für den Willensausdruck des »vermeintlich wissenden Wesens« hielt. Es ist trotzdem erstaunlich, daß zwei Jahrtausende hindurch die Worte des heiligen Paulus über den Doppelsinn des Gesetzes

(Röm 7) so oft mißverstanden oder verschwiegen worden sind. Diese Worte sind von brennender Aktualität. Denn wenn das Gesetz auch zum Aufbau der Moral eines Individuums oder eines Kollektivs notwendig ist, so erscheint es doch als unzureichend und sogar als Hindernis, wenn man es als letzten Bezugspunkt ansieht. Es geht hier um das dramatische Versagen einer legalistischen Konzeption von Moral. Ich halte den Hinweis für angebracht, daß vielleicht hier das eigentliche Problem der moralischen Krise bei den Jugendlichen liegt: Sie verwerfen die legalistische Abgeschlossenheit der Moral mit Energie, bisweilen mit Aggressivität. In wissenschaftlicher Redlichkeit muß man sagen, daß das ein gesunder Reflex der Suche nach Vermenschlichung ist. Der Mensch muß den Sinn seines Handelns, die Orientierung seiner Moral, die Forderungen dynamischen Verhaltens von selbst finden. Das bedeutet für den Begriff der Autorität eine große Veränderung auf allen Ebenen.

Bis dahin funktionierte die Gesellschaft in einer Art und Weise, die man mit einem Wasserfall vergleichen könnte. Das »vermeintlich wissende Wesen« übergab einen Teil seines Geheimnisses an den, der Autorität besaß, den König und Priester. Diese beiden Personen gehörten an die Seite des »vermeintlich wissenden Wesens«, und dadurch wurden sie von dem Rest der Menschheit ausgezeichnet, unterschieden und getrennt. Nachdem das »vermeintlich wissende Wesen« durch die moderne Forschung »entthront« wurde, ist es klar, daß auch König und Priester ihrer ehemals mythischen Funktion enthoben sind. König und Priester erscheinen heute als Menschen wie alle anderen; sie wissen nicht mehr als sie und befinden sich wie sie im Zwiespalt, in Unsicherheit und Unruhe. Es kann keinen Repräsentanten des »vermeintlich wissenden Wesens« mehr geben; heute kann man das Geheimnis nur unter einem völlig anderen Aspekt erfahren. Es ist auch nicht der Moral-Professor, der wissen kann, wie man leben muß, aus dem einfachen Grunde, weil er künftig selber als ein mit allem Vorbehalt Suchender erscheint, der an derselben Unruhe und Unsicherheit teilnimmt wie diejenigen, die zu unterweisen er angehalten ist. Das *Gesetz*, ob als fundamentale oder als positive, den Forderungen des sozialen Lebens entsprechende Satzung verstanden, erscheint nicht mehr als Ziel. Es bedeutet gegenseitige Übereinkunft, Wahrnehmen wesentlicher gemeinsamer Ausgangspunkte; es muß der Ort einer Begegnung und der Ausarbeitung von irgend etwas Neuem sein. In dieser neuen Perspektive erscheint derjenige, der im Verständnis der Menschen eine bestimmte Autorität besitzt, im Grunde mehr durch das menschliche Suchen beauftragt: Er ist derjenige, der an der Suche teilnimmt, sie führt und sich wie die anderen der Frage ohne Antwort nach dem Geheimnis menschlicher Bestimmung stellt.

II. Moral – eine Wissenschaft?

Es ist noch nicht lange her, seitdem jene Wissenschaft entstanden ist, die man heute Anthropologie nennt. Es ist außerdem bemerkenswert, daß der Mensch als letzter Objekt einer wissenschaftlichen Einstellung wurde, die er selber eingeleitet und entwickelt hat – vor allem seit dem 17. Jahrhundert. Die anthropologischen Wissenschaften sind komplex und vielseitig. Es handelt sich natürlich nicht um mathematisch-exakte Wissenschaften, aber es sind doch *Wissenschaften.* Man kann vergröbernd drei Aspekte unterscheiden: Physiologie und Biologie, Psychologie seit Freud, Soziologie und Psycho-Soziologie. Von diesen Aspekten her zeichnet sich heute eine globale Sicht vom Menschen ab, die sich von der der vorwissenschaftlichen Zivilisation und Kultur weitgehend unterscheidet.

Man kann behaupten: Das, was die menschliche Rasse spezifisch von anderen Lebewesen unterscheidet, ist ihre wesentliche Unangepaßtheit an das neue Leben nach der Geburt. Diese mangelnde Angepaßtheit betrifft offensichtlich zugleich Individuum und Gemeinschaft. Das Neugeborene tritt ungerüstet in sein zukünftiges Leben und befindet sich in der Welt in einer Daseinssituation, die völlig anders als seine bisherige ist. Tatsächlich ist das Tier von vorneherein den detaillierten Erfordernissen seiner Bedürfnisse angepaßt. Es verhält sich *instinktgemäß.* Die Lebewesen bilden so in ihrer weitgespannten Gesamtheit einen dynamischen, gut organisierten Zusammenhang, den man allgemein »Natur« nennt. Durch einen Sprung entstand aus dieser »Natur« ein neues Lebewesen, der Mensch, der vor 1–1 1/2 Millionen Jahren nach fortschreitender Entwicklung sehr schnell aufgetreten zu sein scheint. In unserer Rasse ist der Instinkt, der beim Tier sehr perfekt ausgebildet ist, von Anfang an schwach und unzureichend. Wir sind, wie Vercors[1] sagt, »denaturierte« Tiere.

Das bedeutet zunächst eine völlig andere Seinsweise. Wenn das Tier ganz oder beinahe ganz einem Verhaltenstyp angepaßt ist, dann bleibt dieser Typ eng begrenzt. Es gibt einen stereotypen Aspekt im Verhalten des Tieres, selbst des Haustieres und des dressierten Tieres. Das beste Beispiel dafür ist jener Schäferhund, der von seinem Herrn darauf dressiert war, die Kuhherde an den Bach, der unten an einer Wiese lag, zu führen. In einem Jahr war die Trockenheit so groß, daß der Bach kein Wasser mehr mit sich führte und daß eine andere Lösung gefunden wurde, um die Tiere zu tränken. Den Hund, der sich mit allen Kräften dagegen wehrte, mit der Herde den neuen Weg zu nehmen, mußte man einsperren. Manchmal ist man gerührt, wenn von Haustieren, vor allem von Hunden, berichtet wird, daß sie »Hungers sterben« wollen auf dem Grab, in das sie ihren Herrn gelegt sahen. Das heißt aber nur, daß es für sie keine andere Verhaltensmöglichkeit gibt; denn aus vielen und komplexen Gründen ist ihr Verhalten äußerst festgelegt, und es gibt für sie keine andere Anpassungsmöglichkeit. Mit dem Phänomen Mensch erscheint genau die fundamentale Ungenauigkeit in bezug auf die Anpassung

---

[1] Vercors (Pseudonym für Jean Bruller), Les animaux dénaturés, Paris 1952.

des Verhaltens. Das heißt: Mit ihm bietet sich ein Fächer dar, der für die verschiedensten Anpassungsformen offen ist. Durch seine neurophysiologische Verfaßtheit ist der Mensch wie »zum Erfinden gezwungen«. Das Feld der Erfahrungen, Erkundungen und Anpassungsmöglichkeiten wird unendlich. Es genügt, kurz über die Veränderungen und die unglaubliche Vielfalt menschlichen Wohnens im Vergleich zur tierischen Behausung nachzudenken, die, entsprechend den Arten, immer dieselbe ist.

Das zeigt, daß der Mensch sich hinsichtlich seiner Anpassung und somit der fortschreitenden Veränderung seiner Existenz auf einer Art »Rückzug« aus dem befindet, was ihn umgibt – auch in seinem Verhalten, das durch diese Umgebung bedingt ist. Es entsteht Distanz. Die Freudsche Entdeckung der affektiven Entwicklung der Persönlichkeit von Kindheit an zeigt dies gut. In Konfrontation mit den anderen menschlichen Wesen begibt sich das Kind, von frühester Zeit an, auf die Suche nach einem Verhalten, durch das die Beziehungen zur Umwelt beruhigend und befriedigend gestaltet werden können. Natürlich geschieht diese Suche in den ersten Lebensmonaten unbewußt. Aber sie bringt, wie die Psychoanalyse zeigt, unbewußte primitive Vorstellungen mit sich, die man mit dem Terminus technicus »Phantasmata« bezeichnet. Diese Phantasmata sind Grundbedingung für eine spätere Entwicklung. Langsam sieht man beim Kind eine reflektierte, übrigens immer fragende Wahrnehmung seiner selbst entstehen, so als ob es eine gewisse Autonomie gegenüber seiner Umgebung und besonders gegenüber seiner menschlichen Umwelt gewänne. Einfacher ausgedrückt:

Es handelt sich hier um die fortschreitende Entwicklung des *Bewußtseins.* Nun ist dieses Bewußtsein durch ständiges Suchen gekennzeichnet. Ob es sich um die Menschheit als Kollektiv oder die bewußte Gefühlsentwicklung jedes einzelnen handelt – der suchende Mensch ist immer in Bewegung und unbefriedigt. Auf der Ebene der Zivilisation zeigt sich dieser Tatbestand in dem wesentlich menschlichen Phänomen, das man wohl ganz richtig »Kultur« nennt. Wenn das Tier, um zu leben, sich nicht auf Suche begeben muß, so kann man sagen, daß der Mensch geradezu gezwungen ist zu suchen und daß diese Suche nie beendet ist. Der ganze Komplex der »condition humaine« ließe sich in folgender Frage zusammenfassen: Was müssen wir tun, um besser zu leben? Das führt die Dimension der *Begierde* ein, die im spontanen Verhalten das niemals befriedigte Empfinden eines *Mangels*, einer unbestimmten Suche nach einem endgültigen Platz, ausdrückt. Der Mensch ist im Vergleich zum Tier von seiner Natur her *gezwungen*, sein Verhalten selbst *in die Hand zu nehmen* und immer zu versuchen, es auf eine bessere Anpassung hin auszurichten. Diesen Sachverhalt könnte man einfach so ausdrücken: Im Vergleich zur unendlich komplexen Welt, der leblosen wie der lebendigen, aus der der Mensch hervorgeht, ist er dadurch gekennzeichnet, daß er ein *moralisches* Wesen ist.

Aber worin besteht diese Suche? Was sucht der Mensch bei dem ständigen Fragen, das wir soeben erwähnt haben und das der Ausdruck der menschlichen Natur ist?

Die Suche zielt auf die Lösung einer Spannung ab, die

dauernd zwischen dem menschlichen Gewissen und seiner Umwelt aufbricht. Die – zumindest vorläufige – Lösung dieser Spannung heißt in Freudscher Perspektive *Lust* im weitesten Sinn des Wortes. Ich glaube, daß da der Sinn des psychoanalytischen Begriffs der Libido liegt: Wunsch nach Lustgewinn, sofern er die fundamentale Unangepaßtheit aufhebt. Im sexuellen Bereich zeigt sich vielleicht nur die intensivste und direkt wahrnehmbare Seite dieses Problems.

Der Mensch, der sich in einer ständigen Unangepaßtheit befindet, sucht danach, sich anzupassen, d. h. Entfaltung und Befriedigung seiner Bedürfnisse zu finden, wenn diese ihm auch selber dunkel sind – was das Problem nicht gerade erleichtert. Wenn wir versuchen wollten, diese Grund-Realität einfach auszudrücken, würden wir sagen – selbst unter dem Risiko, äußerst banal zu wirken –, daß das Wesen des Menschen darin besteht, nach dem Glück zu suchen. Das heißt: Jede Bemühung um moralische Reflexion, jede Suche nach Verhaltensnormen, die »Gesetze«, die philosophischen Überlegungen über menschliches Verhalten, alles das ist darauf ausgerichtet, den Weg zum Glück zu suchen.

Wenn es auch für manche unerwartet sein mag, so ist es doch sehr wichtig zu betonen, daß mitten im Aufschwung mittelalterlichen Denkens ein Mann wie Thomas von Aquin das gleiche mit anderen Worten sagte. Tatsächlich leitet Thomas im dritten Teil der *Summa Theologica* seinen Traktat über die Moral mit einem Traktat über die Glückseligkeit ein. Für ihn besteht in der Tat jede Bemühung moralischen Suchens in der Suche nach Seligkeit. Natürlich muß man diese von

ihrer eigentlichen Ebene her verstehen, nämlich der transzendentalen, aber es bleibt, daß die letzte Dynamik moralischen Suchens im Streben nach Glückseligkeit gesehen wird. Wenn wir alle diese Überlegungen in einem nicht von vornherein festgelegten Vokabular wiederaufnehmen, können wir folgendes sagen: Seit ihrem Auftreten trachtet die Menschheit insgesamt danach – genauso wie jeder von uns seit seiner Geburt –, zu wissen, wie man sich verhalten muß, um das vollkommene Glück zu erreichen. Hier liegt die Bedeutung der Moral: Es geht nicht darum, ein *Gesetz* zu beobachten, wohl aber die Hinweise, die es gibt, um allein und mit anderen jene vollkommene Glückseligkeit anzustreben, die der innerste Motor und das letzte Geheimnis der menschlichen Dynamik ist.
Die einzige Frage, die dabei ohne Antwort bleibt, ist die, ob die Suche nach Glück jemals ihr Ziel vollkommen erreicht.
Die wesentlichen Erkenntnisse der modernen Psychologie, die durch die Freudschen Entdeckungen eingeleitet wurden, lassen sich vielleicht so ausdrücken: Der Mensch sucht in den Einzelbeziehungen und im Kollektiv nach einer Situation, in der jeder von jedem in seiner Einzigartigkeit und vollen Subjektivität anerkannt wird. Mit einfacheren Worten: Die Suche nach richtigem Verhalten, und nichts anderes ist die Moral, wird von dem Bedürfnis nach vollkommenem und endgültigem Gelingen von Liebe geleitet. Keine Wissenschaft kann auf diese letzte Frage eine Antwort geben.
Wie aber kann der Mensch sich in diese Richtung orientieren? Was erzeugt in ihm die Unfähigkeit, zur

Fülle seiner eigenen Bestimmung zu gelangen? Das sind die beiden Hauptfragen, die die Reflexion über Moral bestimmen. Es scheint, daß heute, dank dem Anwachsen kollektiven und fortschreitenden Bewußtseins, das sich in der wissenschaftlichen Zivilisation manifestiert, hier die beiden Pole der Unruhe unserer jungen Menschen liegen. Wie muß man leben, um mehr Mensch zu sein? Wie kommt es, daß man nicht dahin gelangt?

III. Die falschen Werte

In der Suche nach einem Idealverhalten, welches das Glück garantieren und damit auch die fundamentale Unsicherheit aufheben könnte, hat die Menschheit jahrhundertelang und in ganz verschiedenen Kulturen versucht, wenigstens gewisse Anhaltspunkte, Prinzipien, »Werte« aufzustellen, an die man sich halten kann. Einer der wichtigsten Aspekte der heutigen Krise besteht darin, daß diese traditionellen, anscheinend soliden, wenn nicht gar unveränderlichen Werte entmythologisiert werden. Vielleicht muß man hierin die wirkliche Bedeutung der Aggressivität, die sich so oft gegenüber der sogenannten »bürgerlichen Moral« zeigt, erblicken. Mißt man dieser Äußerung ihre eigentliche Bedeutung zu, muß man zugeben, daß die Sicherheit in Frage gestellt wird, die zu vermitteln eine gewisse Anzahl von Traditionen und Regeln vorgeben, obwohl die moderne Welt deren Ungenügen hervortreten läßt. Vielleicht ist dieses Bewußtsein oft mehr implizit, aber unbestreitbar wurde es zu bestimmten Zeitpunkten explizit, wenn auch oft mehr mit Enthusiasmus als mit Methode argumentiert wurde. So paradox es erscheinen mag und ohne Anspruch, dies innermenschliche Problem damit zu erschöpfen: Als diese Werte einer bürgerlichen Moral könnte man herausfiltern das Geld, den technischen Fortschritt, den Komfort und das, was ich »sozialistischen Idealismus« nennen möchte.

Geld macht nicht glücklich. Das ist eine Binsenwahrheit, wie Courteline[1] sagen würde, die unbestreitbar ist, wenn man nur etwas darüber nachdenkt. Und trotzdem wird diese elementare Wahrheit ständig umgangen und verdeckt, oder man widerspricht ihr sogar. Jean Fourastié zeigt in seinen »Essais de Morale Prospective«[2] gut, in welchem Maße der Lebensstil und die allgemeine Dynamik des Verhaltens der führenden Klassen zu Beginn dieses Jahrhunderts von der augenscheinlichen Sicherheit, die der Besitz materieller Güter verleiht, geleitet wurden. Es gibt von der Mutter François Mauriacs z. B. erschreckende Zeilen über den Verhaltensstil und die Wertehierarchie dieser Generation. Es ist übrigens eindrucksvoll, die gleiche Besorgnis gegenüber der Tyrannei des Landbesitzes im letzten Roman dieses Autors festzustellen.

Wenn auch das Bedürfnis nach Besitz ein fundamentales Existenzbedürfnis ist, so ist es doch möglich, wenn nicht gar wahrscheinlich, daß die heutige Jugend selber merkt, wie keine Art von Besitz die Verwirklichung der menschlichen Suche, das heißt also Glück im vollen Sinne, letztlich sicherstellt. Besitz von Ländereien, von in Geld umsetzbaren »Werten« maskiert bisweilen nur die Angst vor der Unsicherheit und vor dem Mangel, wenn er sie nicht sogar verschärft. *Besitz* kann kein moralischer Wert sein; hier liegt vielleicht eine der wichtigsten und unbequemsten Einsichten der modernen Welt.

---

[1] Georges Courteline (Pseudonym für Georges Moinaux), 1860 bis 1929, schrieb erfolgreiche Bühnenstücke, in denen die Schwächen des französischen Militärsystems, der Bürokratie und des Bürgertums dargestellt werden.

[2] Paris 1967.

Die Beziehung des Besitzers zum Besitz ist ihrem Wesen nach einschränkend und unbefriedigend. Am besten sei ein konkretes Beispiel angeführt. Es handelt sich um eine Situation der Freiheit dem Objekt gegenüber. Wenn ich in einem Museum ein Bild von Rembrandt betrachte, befinde ich mich in geistiger Bereitschaft, den Ausdrucksreichtum, den künstlerischen Glanz und durch all dies das Geheimnis der Person Rembrandts selbst, die sich auf diese Weise ausdrückt, genießen zu können. Nichts begrenzt oder hindert diese Erkenntnisrelation nicht nur zu dem bewunderten Objekt, sondern auch zu demjenigen, der sich dahinter verbirgt und sich mir so enthüllt. Ein Werk zu betrachten, das mir nicht gehört, gibt mir jede innere Freiheit, um dessen Bedeutung zu erfassen. Aber wenn ich ein Gemälde von Rembrandt mein Eigentum nenne, ist dieser Beziehungsreichtum, der durch die Konfrontation meines Blicks mit dem Bild hergestellt wird, natürlicherweise eingeschränkt, wenn nicht gar verhindert. Dies tritt durch eine andere Haltung meinerseits ein, die ich nicht vermeiden kann und die dazwischen käme, ohne daß ich es bemerkte. Mindestens zwei Elemente können hier unterschieden werden: 1. die Befriedigung nicht durch das Werk, sondern durch die Tatsache, daß es mir *gehört*; 2. Angst und Furcht, es zu *verlieren*. Es ist nicht paradox zu sagen, daß das Besitzverhältnis die notwendige geistige Freiheit und innere Bereitschaft zu dem, woran ich Anteil nehmen soll, mindert und daß ich als Besitzer tatsächlich weniger profitiere.

Außerdem ist das, was man »Privateigentum« nennt, insbesondere und vor allem »räuberisch«. Um das Beispiel von dem Rembrandtbild wieder aufzunehmen:

Wenn ich es besitze, so heißt das, daß es sich nicht in einem Museum befindet und es folglich nicht jeder sehen kann. Die Tatsache, daß es bei mir zu Hause ist und mir gehört, hindert eine beachtliche Anzahl von Personen daran, es zu genießen, während sie es tun könnten, wenn es sich an einem öffentlichen Ort, der nicht mein Besitz wäre, befände. Indem ich »meinen Rembrandt« besitze, *raube* ich ihn den anderen. Das kann übrigens zu einer Quelle aggressiver und bitterer Befriedigungen werden, einer Art Anspruch oder tief unbefriedigender Kompensation irgendeinem Untergebenen gegenüber. Aber bei einigem Nachdenken zeigt sich, wie betrüblich das Alleinbesitzen ist. Nichts ist so schön, daß es nicht noch schöner wäre, wenn jeder davon profitieren und man darüber sprechen oder doch zumindest wissen könnte, daß so viele wie möglich davon profitieren. Aber das Problem des Besitzes, der beraubt, ist komplex. Besitzen zu wollen ist eine fundamentale Forderung der Existenz selbst – also des Überlebens. Der Besitz eines Rembrandtbildes in meiner Wohnung stellt mich keineswegs vor das gleiche Problem wie der Besitz eines Bettes, in dem ich schlafen kann, das niemand an meiner Stelle einnehmen kann und worauf ich einen ursprünglichen Anspruch habe, da es sich hier nicht um eine Sache handelt, mit der ich anderen etwas wegnehme. Niemand kann sich auf genau den Platz setzen, auf dem ich sitze; niemand kann genau dort schlafen, wo ich schlafe. Der Besitz von verschiedenen Sachen, die es mir erlauben, ich selbst zu sein, und die mir das für ein Minimum an Selbstachtung notwendige Gefühl der Autonomie geben, ist unabdingbar. Aber hier taucht die Frage auf:

Wo ist die Grenze des Notwendigen für meine Einzelexistenz und der Mittel, die sie sicherstellen, und wann beginnt der beraubende und somit gegen andere aggressive Überfluß meines Privateigentums? Wir haben keine absoluten Kriterien zur Beantwortung dieser Frage. Das Fehlen von Kriterien ist nicht gerade dazu geeignet, die Sache zu vereinfachen und die innere Sicherheit zu schaffen, die wir ständig suchen.
In diesem Zusammenhang erinnere ich mich an eine Szene, die ich vorigen Sommer auf dem Hauptplatz in Avignon zur Zeit der Festspiele erlebte. Eine bunt zusammengewürfelte Gruppe von Touristen, Snobs und Jugendlichen aus verschiedenen Ländern in unterschiedlichster Bekleidung war dort zusammengekommen. Zahlreiche »Hippies« beiderlei Geschlechts gingen dort künstlerischen Aktivitäten in Clochard-Manier nach. Ein junges Mädchen in abgetragener Kleidung saß auf dem Boden und hatte einen revolutionären Text vor sich auf die Straße geschrieben, der ungefähr folgendermaßen lautete: »Hier gibt es Kunstwerke, Medaillen, Keramiken, Reproduktionen usw., die ich gern ansehen und mitnehmen möchte. Aber in unserer Konsumgesellschaft muß ich sie bezahlen ...« Am Ende des Satzes stand eine Untertasse für Geld. Ich habe mir diese Szene eine Weile angeschaut und war zuerst versucht, etwas in die Untertasse zu legen, nahm jedoch Abstand davon und dachte einen Augenblick lang daran, das Stück Kreide, das noch am Boden lag, aufzuheben und dem provokativen Text folgende Worte hinzuzufügen: »Ich auch, leider.« Ich fühlte mich unwohl, weil diese offensichtlich aggressive Kritik an einem bestimmten Gesellschaftstyp sich mit einer Kri-

tik an dem beraubenden und aggressiven Charakter von Eigentum, das die anderen frustriert, deckte. Diese Kritik drückte außerdem aus, daß die Vorübergehenden alle Dummköpfe oder Bürger seien. Da ich den Gedanken, als Dummer angesehen zu werden, schwer ertragen kann und da ich durchaus den Eindruck habe, kein Bürger in diesem Sinne zu sein, konnte ich nur nein sagen. Aber dieses junge Mädchen drückte sicher, ohne ganz zu verstehen, vielleicht ohne sich selbst die Bedeutung seiner Haltung bewußt zu machen, den energischen und dramatischen Protest gegen die Organisation der menschlichen Beziehungen aus, gegen die sogenannte Gesellschaft, gegen eine Verteilung der Reichtümer, die ungerecht und unakzeptabel ist gerade angesichts der »Anbetung« des Besitzes materieller Güter.

Jedes Besitzverhältnis wirkt einschränkend für einen selbst und einschränkend für die anderen. So ist es wirklich: Das, was man besitzt, ist immer eine *Sache*; als Objekt des Besitzens ist es notwendigerweise hinfällig und begrenzt. Je mehr man für sich selbst besitzt, desto mehr läßt man die anderen entbehren; denn der Besitz ist begrenzt. Um nur ein Beispiel anzuführen: Wenn ich ein Feld oder einen Teil eines Feldes besitze, wo ich frei meine kulturellen Wünsche verwirklichen kann, werde ich es abteilen und jedem verbieten, meinen Teil zu betreten. Das heißt, daß für die anderen nur der restliche Teil dieses Feldes bleibt, also ein begrenzter und kleinerer Abschnitt. Dieses Beispiel ist symbolisch gemeint; aber ich glaube, daß es einsichtig machen kann, bis zu welchem Grad jeder Gegenstand, sei es Land oder Geld, von sich aus Streitobjekt, Quelle

von Rivalitäten, Grund zur Unzufriedenheit, zu Auseinandersetzungen, Konflikten und Kriegen ist.
Beim Schreiben dieser Zeilen merke ich, daß ich da ein altes Steckenpferd reite. Tatsächlich weiß man dies alles seit langer Zeit. Ich erinnere mich an den Ausspruch »Eigentum ist Diebstahl«. Zweifellos muß man diesem Ausspruch den zu Beginn dieses Abschnittes geäußerten an die Seite stellen: »Geld macht nicht glücklich.« Geld macht zwar nicht das Glück desjenigen aus, der es besitzt, sein Mangel aber bringt den davon Betroffenen Unglück. Und diejenigen, die zuviel haben, sind schuld. Darin liegt der Diebstahl.
Ein gewisser Jesus verkündete eines Tages, daß man nicht gleichzeitig Gott und dem Mammon dienen kann.
Die Jugendlichen heute sind durch die Entwicklung der Zivilisation gerade dabei, diese dramatische Evidenz mehr denn je zu empfinden: Besitz ist, wie gut und notwendig auch immer, die Quelle von Aggressivität und Unglück und beendet in nichts das Suchen des Menschen.
Besitz ist ein falscher Wert. Die Revolte der Jugend gegen die sogenannte Konsumgesellschaft hat, so scheint es, einen tiefen Sinn. Vielleicht ist die Revolte nicht direkt gegen die Gesellschaft gerichtet, sondern gegen das unwiderstehliche Bedürfnis, das man innerhalb dieser Gesellschaft und dieser Konsumwelt hat. Mit anderen Worten: Die Revolte richtet sich nicht gegen die soziale Tatsache selbst, sondern gegen das eigene Bedürfnis, denn dieses ist *unecht*. Sicher wird das meist nicht offensichtlich, aber man muß zugeben, daß der Wunsch des Menschen nach Besitz für sich

selbst auf einer bestimmten Stufe buchstäblich unerträglich wird, vielleicht einfach deswegen, weil dieser Wunsch nach Besitz um jeden Preis gerade die letzte Nichtigkeit dieses »Wertes« enthüllt.

Die Entwicklung der technischen Errungenschaften und ihre Anwendungen haben, vor allem seit anderthalb Jahrhunderten, eine Art Entfremdung des Menschen von dem, was ihn umgibt, einen Rückzug aus der »Natur« hervorgerufen. Eine der Konsequenzen dieses Rückzuges ist, daß der Mensch sich eindeutiger denn je bewußtmacht, daß eine Technik, welcher Art sie auch immer sei, kein moralischer Wert in sich ist. Sie besitzt einen technischen Wert auf ihrer Ebene: Sie ist wirksam und angemessen oder nicht. Aber was die moralische Verpflichtung – eine existentielle Bedeutung also – betrifft, so stellt sich dieses Problem nicht auf der Ebene der Technik als solcher, sondern auf derjenigen, wo die Frage nach ihrem Zweck gestellt wird. Es gab und es gibt auch heute noch ein nebulöses Verständnis von Natur als einer Art personalisierter Vermittlungsgottheit mit dunklen Absichten. Nichts durfte gegen den Willen der »Natur« geschehen; sie duldete keinen Widerspruch. Nun führt die Entwicklung der Wissenschaften und ihrer Anwendungen gerade in bezug auf diese Konzeption von Natur zu einer ganz neuen Überlegung. Vergröbernd kann man sagen, daß sich der moderne Mensch bewußt wird, daß es die *Natur als Gottheit* nicht gibt. Die Natur besteht als eine Gegebenheit, die man erforscht und nutzbar macht, aber ohne daß es in dieser Natur etwas anderes gäbe als einen sehr allgemeinen dynamischen Hinweis auf

die menschliche Anlage des Suchens, die ihm seinen Sinn geben muß. Die Dinge geschehen auf der menschlichen Ebene nicht so wie auf der des übrigen Universums. Der Mensch taucht auf als fragender Gedanke, wie wir gesehen haben, und er sucht unaufhaltsam seinen Weg und seine Bestimmung, selbst jenseits dieser Natur, die zu erforschen ihm aufgegeben ist. Das ist für einen modern denkenden Menschen eine Binsenwahrheit, aber man muß zugeben, daß sie noch nicht so alt ist und daß sie sich vielleicht noch nicht völlig durchgesetzt hat.
Eine Technik ist nur ein Mittel, um das, was man in der Natur entdecken konnte, für etwas zu nutzen. Auf der Ebene dieses »für etwas« stellt sich das eigentliche moralische Problem. Eine Technik ist in dem Maße gut, als sie möglichst genau den wissenschaftlichen Erkenntnissen, durch die sie entstanden ist, Rechnung trägt; sie ist ebenfalls gut, wenn sie den konkreten und unmittelbaren Ergebnissen angepaßt ist, im Hinblick auf die sie entworfen wurde. Hier ein Beispiel: Ein Messer ist dann gut, wenn die Herstellung gut ist und es gut schneidet. Das beinhaltet jedoch keine moralische Wertung. Wenn ich mich eines Messers, das in sich gut ist, bediene, um ein Beefsteak, das ich meinen Gästen anbiete, kunstvoll zu zerschneiden, dann ist der Gebrauch des Messers auf seine Weise gut, aber auf einer ganz anderen Ebene. Wenn ich dieses gute Messer dazu benutze, einen meiner Nachbarn zu ermorden, ist genau das Gegenteil der Fall: Das Messer bleibt gut, ich bin der Schlechte, der sich einer guten Sache schlecht bedient. Es scheint, daß diese Überlegung wirklich elementar ist.

Genau dieses Problem ist im Zusammenhang mit den Empfängnisverhütungsmitteln aufgeworfen worden. Wir werden auf Fragen der sexuellen Moral in einem anderen Kapitel ausführlicher zu sprechen kommen. Aber schon hier sei bemerkt, daß zum Beispiel das Wesentliche der Enzyklika »Humanae Vitae« sich um diesen zentralen Punkt dreht: Eine Technik als solche beinhaltet keinen moralischen Wert. Es ist erschütternd zu beobachten, daß gerade in bezug auf die Sexualität ein bestimmter unbewußter Rekurs auf die »Gottheit Natur« sich weiterhin mit einem gewissen Schrecken durchsetzt. Eindeutig stellt sich folgende Frage: Ist eine Verhütungstechnik gut oder schlecht? Und wir sind gezwungen, auf die Überlegungen über das Messer zurückzugreifen. Eine Verhütungstechnik ist dann gut, wenn sie wirklich »verhütend« wirkt, wenn sie weder dem, der sie anwendet, noch der Entwicklung der Familie schadet und wenn sie revidierbar ist. Danach erst ergibt sich das moralische Problem: Mit welcher Zielsetzung und in welchem Geist wendet man diese Techniken an?
Zugegeben, das ist unbequem. Es war leichter und beruhigender, sich blind den Gesetzen einer vorgegebenen »Natur« zu unterwerfen, als immer suchen und erfinden und die Verantwortung für das persönliche Verhalten im ständigen Fragen nach seinem Wert auf sich nehmen zu müssen. Vielleicht besteht in einigen Kreisen des Widerstands so etwas wie die erschrokkene und instinktive Suche nach der verlorenen Sicherheit.
Das Problem der Geburtenregelung zeigt besonders gut die ganze Schwierigkeit der moralischen Suche des

Menschen. Etwas schematisierend kann man folgende allgemeine Linie ausmachen: Bis in unsere Zeit lag die Kindersterblichkeit bei der Geburt oder im frühen Kindesalter bei ungefähr 70 %. Die Frage einer Geburtenbeschränkung stellte sich also kaum. Die wissenschaftlichen Erkenntnisse und ihre technische Anwendung auf der Ebene der Biologie, der Pathologie, der Hygiene usw. haben eine spektakuläre Senkung der Kindersterblichkeit mit sich gebracht, die augenblicklich – zumindest in den Industrienationen – bei 1 % oder 1,5 % liegt. Welch ein Fortschritt des Wissens und der Technik! Aber gleichzeitig tauchen, wie alle Diskussionen seit einigen Jahren zeigen, neue Schwierigkeiten und ein neues Problem auf: das nicht zu leugnende Problem der drohenden Überbevölkerung, sowohl in der Einzelfamilie als auch im Hinblick auf die Verteilung der Lebensmöglichkeiten auf der Erdoberfläche. Untersuchungen und Entdeckungen auf dem Gebiet der Verhütungsmittel, d. h. der Mittel zur *vernunftgemäßen* Geburtenbeschränkung, waren die Folge. Die Fortschritte waren besonders spektakulär auf dem Gebiet der Hormonforschung und der Kontrollmittel für die Ovarienfunktionen. Der augenblickliche Entwicklungsstand dieser Mittel und deren Erforschung führen im großen und ganzen zu einer Anwendungsmöglichkeit dieser Verhütungsmittel, die im technischen Sinne (im Sinne ihrer Funktionstüchtigkeit, d. Übers.) *gut* ist. Aber da taucht wieder das Problem auf, das im Grunde mit dem des Messers identisch ist: Wozu und wie können diese technisch guten Mittel dienen? Diese Überlegung fordert ein Weiterdenken über menschliches Verhalten im allgemeinen, genauer: über die spezifische Bedeutung menschlicher Sexualität. Es scheint zum Beispiel so zu sein, daß die menschliche Sexualität, die wie bei jedem Lebewesen der Vermehrung dient, zugleich noch etwas ganz anderes ist und einen wesentlichen, spezifisch menschlichen Aspekt mit sich bringt, über den man bis heute vielleicht noch nicht ernsthaft und methodisch nachgedacht hat. Hat nicht eine Sexualität, die unabhängig und getrennt von der damit verbundenen Funktion der Vermehrung ausgeübt wird, einen Wert für die menschliche *Beziehung*, der von allererster Bedeutung ist? Das ist die Frage, die gestellt ist und die infolge des Fortschritts der Techniken in immer deutlicherer Form zu stellen ist. Man kann also auf der Wertebene, die sich bei einer technischen Erfindung als solcher ergibt, keine moralische Antwort finden. Im Gegenteil: Der Wert einer Technik auf *ihrer* Ebene führt dazu, neue Probleme in moralischer Hinsicht zu schaffen. Dadurch entsteht zugleich ein Fortschritt und eine weitere Frage, d. h. eine Unbequemlichkeit. Außerdem bringt keine der technischen Errungenschaften von sich aus die Lösung der Ungewißheit hinsichtlich Wert und Bedeutung des Verhaltens. Nicht nur, daß sie diese Lösung nicht bringen, sie sind in ihren Ergebnissen sogar im tiefsten ambivalent, denn sie lassen selbst jenseits der gestellten Probleme die Ungewißheit und die das Menschengeschlecht konstituierende Unsicherheit klar hervortreten. Man kann dafür ein frappierendes Beispiel aus der Kommunikationstechnik anführen:

Typisch sind unter diesem Gesichtspunkt die Gegensätze in unserer Zivilisation. Die Kommunikationstechniken, die man augenblicklich so fördert, werden sicher in dem Wunsch gebraucht, sich besser zu verstehen und zu einer »konzertierten Aktion der Menschheit« zu gelangen, die man Frieden nennen könnte. Wir erleben das außerordentliche Phänomen, daß der Präsident der Vereinigten Staaten mit den Kosmonauten auf dem Mond spricht. Auf der anderen Seite aber steht die Unmöglichkeit der Verständigung unter menschlichen Gemeinschaften, die sich anscheinend nahe sind und die über mehr als das Zehnfache an technischen Mitteln zur Information über das verfügen, was ein jeder denkt. Ich nehme an, daß zum Beispiel in Irland viele Leute Radio, Fernsehen, vielleicht Telephon besitzen. Aber derartiges ist, so scheint mir, nur der deutliche Ausdruck einer tieferen Realität: Die menschliche Sprache als solche ist eine spezifische Möglichkeit zu intersubjektiver Kommunikation. Aber zur gleichen Zeit zeigt dieselbe Sprache, die den Ansatz einer solchen Kommunikation, d. h. eine gegenseitige Offenbarung, erlangt, ein noch tiefer liegendes Nicht-Mitteilbares. Und dieses Nicht-Mitteilbare eröffnet sich selbst für das Individuum als etwas ihm selber Nicht-Mitteilbares. Seit Freud wissen wir, daß ein erheblicher Teil unseres Selbst sich dem eigenen Bewußtsein gegenüber nicht artikulieren kann und daß diese Unfähigkeit zur Mitteilung des Mitteilbaren in jedem von uns liegt. Indem ich jemandem erkläre, was ich im Kopf habe, merke ich, daß er mich nur zur Hälfte verstehen kann (das wäre schon gut) und daß ich mich selbst nicht ganz »begreifen« kann; das geht bis zum zweifellos sehr beunruhigenden Erfassen meiner eigenen Dunkelheit.

Wenn die technischen Errungenschaften auch immer größere Kenntnis und Herrschaft des Menschen über die Welt ausdrücken, so zeigen sie dem Menschen doch auch gleichzeitig, daß sie kein Mittel zur Lösung seiner fundamentalen Fragen sind. Statt eine Lösung zu bringen, lassen sie das Mysterium des Menschen nur noch deutlicher hervortreten.

Aus diesem Bewußtwerdungsprozeß über die eigentliche Bedeutung der Techniken ergibt sich, daß das unbestreitbare, wenn auch ambivalente Gut, das diese Techniken mit sich bringen, auch nicht die Lösung menschlichen Suchens bedeutet. Eine solche Folgerung läßt schließlich sogar im Gegenteil das Unerforschliche und Unbestimmte dieses Suchens und unsere Unfähigkeit, dessen letzte Lösung zu erreichen, noch härter hervortreten.

Es scheint mir, daß man im sogenannten Hippie-Phänomen und in der aktuellen Drogen-Frage besonders auffallende Symptome dieses Aspektes der modernen Welt sehen kann.

Ich weiß nicht, ob, vom Standpunkt der Wirtschaftswissenschaften her gesehen, die folgenden kurzen Überlegungen Gültigkeit beanspruchen dürfen; auf der Ebene der Psychologie und des Lebens tun sie es. Das, was man eine Konsumgesellschaft nennt, besteht in der – zumindest unterschwelligen – kollektiven Erfahrung eines Glückszustands, den man endlich erreicht hat. Er gilt ohne Einschränkung und kennt dank technischer Perfektion und sogenanntem Komfort keine Entbehrung. Die Entwicklung unserer Zivilisation tendiert im Grunde zu der Annahme, durch die Perfektionierung des Wissens und der Technik werde sich jedes Problem einmal lösen lassen. Man werde schon allein durch die Tatsache der Überwindung unserer Ungewißheiten glücklich sein. Es ist dann nicht übertrieben zu sagen, daß – bei dieser kollektiven Einstellung – die Gesellschaft für die Menschen ein unbewußtes Mutterbild darstellt. Sie entspricht dem, was die Mutter für ein kleines Kind bedeutet: Quelle und Spenderin jeglicher Sicherheit, Befriedigung ohne jede Initiative von seiten des Kindes. Nun handelt es sich hier aber um Erwachsene. Hier liegt vielleicht eine der tiefsten Bedeutungen der Revolte der Jugend in der gegenwärtigen Welt: Es ist nicht so sehr das Mutterbild als solches, gegen das sie sich auflehnen, sondern gegen das unechte Bedürfnis danach.

Nun beseitigen Glück und Befriedigung, die die technische Perfektion bringt, durchaus nicht die fundamentale menschliche Unruhe, wie wir sahen. Es kommt indessen vor – und das geht vielleicht heute vor sich –, daß diese technische Perfektion zeitweilig jene fundamentale Unruhe verdeckt. Daher erklärt sich das Auftreten eines für unsere Welt charakteristischen Symptoms. Dieses Symptom, eine erschreckende Langeweile, zeigt sich besonders im Prototyp unserer heutigen Welt: der überreizten amerikanischen Zivilisation. Scheinbar sind alle Probleme gelöst oder werden es bald sein, dank der Perfektion des Telephons, des Kühlschranks, des Autos usw. In Wirklichkeit verhält es sich gar nicht so. Und alles läuft so ab, als ob die Unruhe, die natürlich in unserem tiefsten Innern weiterarbeitet, nicht mehr wüßte, wo sie ansetzen sollte; d. h. daß die natürliche Aggressivität, die eben gerade darauf zielt, die elementaren Bedürfnisse zu befriedigen, nicht mehr weiß, wogegen sie sich wenden soll. Mit einfacheren Worten: Das scheinbare Gelingen einer technischen und gut sozialisierten Zivilisation mündet in diese noch tiefere Unsicherheit, die einen aus der Fassung bringt, weil man sie feststellen kann: Was also stimmt trotz allem nicht? Das Risiko einer technischen Zivilisation wie der unsrigen besteht darin, nicht mehr zu wissen, wogegen man für eigene Überlebenschancen kämpfen muß. Das ist keineswegs paradox.

Man hat folgende klinische Beobachtung gemacht, die öfters veröffentlicht wurde: Zwischen 1939 und 1946 ist der Alkoholismus trotz der ungünstigen Krankenhaus- und Pflegebedingungen stark zurückgegangen. Der Alkoholismus gehört zu den, wenn auch vielleicht schwächeren, so doch echten Suchtkrankheiten. So sagte mir ein Regisseur, der gerade einen Film über die Widerstandsbewegung gedreht hatte: »Wir Jugendlichen damals kämpften für etwas, das uns am Herzen lag, wir hatten keine Zeit, ans Marihuana-Rauchen zu denken.« Das Hippie-Phänomen sowie der Rückgriff auf Drogen sind in gewisser Weise nur ein recht alarmierendes Symptom einer kollektiven Flucht ins Imaginäre, und zwar aus Verzweiflung. Wie kommt es, daß eine Kultur, die von Grund auf von der Hoffnung lebt, genau zu deren Gegenteil führt, nämlich zu Verzweiflung und Langeweile? Je länger man über die Ereignisse der letzten Jahre nachdenkt, um so mehr muß man sich eingestehen, daß hier die entscheidende Frage liegt. Jedenfalls ist das die Frage, die die junge Generation ausdrücklich oder indirekt stellt. Es wäre überflüssig und überdies falsch, wollte man sich fragen, wer für eine solche Entwicklung verantwortlich ist. Niemand ist schuldig, oder in einem anderen Verständnis sind wir es alle, was aber aufs gleiche hinausläuft. Das Problem der Verantwortlichkeit einzelner Individuen ist übrigens nicht das schwierigste, aber auch nicht besonders leicht zu lösen. Ganz allgemein glaube ich sagen zu können, daß heute Komfort und Glück einer »Konsumgesellschaft« für die Jugendlichen, die ihr Leben erst beginnen, keine moralischen Werte mehr sein können; sie haben da ihre schlimmen und widersprüchlichen Erfahrungen.

Der Fortschritt in der allgemeinen Bedeutung des Wortes, der auf eine Verbesserung des menschlichen Daseins abzielt – wobei diese Verbesserung die ideale Lösung aller menschlichen Probleme im Auge hat –, ist vom Wesen her ambivalent; aber es gibt keine Lösung dieser Ambivalenz. Einerseits ist der Fortschritt *gut*, weil er auf eine größere Humanisierung und auf Förderung der menschlichen Würde und Freiheit aus ist. Gleichzeitig erweist er sich fast als *Katastrophe*; denn er führt heute zu offensichtlich gegenteiligen Ergebnissen. Die endgültige Verwirklichung der Humanisierung bleibt ein bloßer Traum: Die Kriege und Grausamkeiten, die wir in der Gegenwart miterleben, zeigen dies zur Genüge. Was die Würde des Menschen betrifft, so sieht man, wie der technische Fortschritt für gewisse menschliche Bereiche zu einer modernen Form der Sklaverei führt, die noch empörender ist als die offizielle Sklaverei. Der Fortschritt als solcher ist also nicht geeignet, das Glück der Menschen zu garantieren. Er kann nur ein relativer moralischer Wert sein. Das führt uns dazu, die beunruhigende Frage, auf die das sich selbst überlassene Denken des Menschen keine Antwort finden kann, zu stellen: Was also ist bei dieser Suche nach Glück und Fortschritt nicht eingetreten, so daß das Gegenteil von dem erreicht wurde, was man anstrebte?

Der Begriff »Sozialismus« gehört zu den vieldeutigsten, die es gibt. Wenn man mit ihm eine planmäßige soziale Organisationsform bezeichnen will, die im Gegensatz zur Form des heutigen Kapitalismus die Unterdrückung der einen durch die anderen so gut wie möglich verhindern möchte, dann erscheint er natürlich als äußerst wünschenswert. Es ist klar, daß es sich dann um einen *positiven moralischen* Wert handelt. Wenn man mit diesem Begriff aber die tief eingewurzelte Hoffnung bezeichnet, daß man in einigen Jahren durch verschiedene wirtschaftliche, politische und soziale Methoden dazu komme, die ideale und zufriedenstellende menschliche Gesellschaft aufzubauen, dann führt uns dieser Begriff »Sozialismus« in einen bloßen Wahn. Selbst auf die Gefahr hin, daß dies unangenehm ist, muß man daran erinnern, daß Utopie jene Illusion ist, das in sich Unmögliche für möglich zu halten. Diese »Utopie« ist außerdem das verhängnisvollste Alibi einer Flucht vor der geheimnisvollen Wirklichkeit der Dinge. Nun scheint es aber wohl, daß die Jugend, nach einigen mehr oder weniger gut durchgeführten Gemeinschaftsaktionen im Mai und Juni 1968, eine Utopie wie diese mit ebenso großer Leidenschaftlichkeit verwirft, wenn sie auch in deren innerer Dynamik ein konkretes Moment des Suchens

und moralischer Kraft wahrnimmt. Die Jugendlichen verwerfen sie genauso, wie sie das statische und stagnierende Bild einer Gesellschaft, die »bürgerlich« genannt wird, ablehnen; und dies, obwohl sie die erste Generation sind, die von dieser Konsumgesellschaft mit Komfort und Technik, in die sie ohne Möglichkeit der Wahl verflochten sind, wirklich profitiert.
Die sogenannten Ereignisse des Mai und Juni 1968 haben im Grunde zum Ausdruck gebracht, daß die junge Generation ein erstaunliches Bedürfnis hat, einen tieferen Sinn ihres Lebens zu entdecken. Und ich glaube nicht, daß es sich hier nur um eine soziale Auflehnung von Berufsrevolutionären gegen das Bestehende, und das heißt auch gegen ihre Zukunft, handelt. Die Frage, die sie gestellt haben und die sie spürten, ging – manchmal sogar offenkundig – viel tiefer. Nun ist es erstaunlich, daß sich diese Revolte mit wohl ebenso großer Intensität gegen das, was man »kirchliches Christentum« nennt und was davon in säkularisierter Form fortbesteht, gerichtet hat wie andererseits gegen die Institution, die man genauso als »kommunistische Kirche« bezeichnen kann – ist sie doch selber starr geworden in ihren Illusionen, ihren Dogmen und in ihrer Hierarchie. Zweifelsohne kann man die fast grenzenlose Sympathie, die durch den Prager Frühling und dessen Unterdrückung bei so vielen Jugendlichen geweckt wurde, als ein weiteres Zeichen dieser vertieften Haltung ansehen.
Der moralistische Dogmatismus, wie er in der westlichen Gesellschaft des 19. Jahrhunderts vorherrschte, und der Dogmatismus der »kommunistischen Kirche« wirken beide in gleicher Weise erstickend. Mit schein-

bar verschiedenen, aber in Wirklichkeit ähnlichen Unterdrückungsmethoden fesseln und unterdrücken diese beiden Konzeptionen vom Menschen die Freiheit, anstatt sie durch ein Feld von Kommunikationen zu ermöglichen. Im Grunde führen diese beiden Konzeptionen der menschlichen Gesellschaft, wenn sie auch auf verschiedenem »Apriori« beruhen, zu einer Negation der Wünsche der Individuen zugunsten eines kollektiven Ideals, das den Vorrang hat. Hier handelt es sich um die ewige und unlösbare Dialektik vom Leben einer Gemeinschaft und dem Leben derer, die sie bilden. Es ist naiv zu glauben, daß bei den konkreten Bedingungen, unter denen die Menschheit in der Zeit lebt, diese Dialektik eines Tages lösbar sei.
Wenn die Kultur eines Fortschritts im technischen Sinne und im Sinne der Humanisierung, zu der die Technik dienen kann, als ein *relativer* moralischer Wert erscheint, dann ist die Illusion von dem, was man eindeutig als »sozialistischen Idealismus« bezeichnen kann, ein *imaginärer* moralischer Wert, und das heißt letzten Endes: ein negativer. Im Vergleich zu der romantischen Begeisterung, die im 19. Jahrhundert aufgebrochen und noch nicht verschwunden ist, ist dies vielleicht nicht der geringste dramatische Aspekt der Desillusion, die die Menschen der zweiten Hälfte des 20. Jahrhunderts erleben.

Zu allen Zeiten haben die Studenten Gefallen daran gefunden, in verschiedenem Grad und unter verschiedenen Umständen »den Bürger zu schrecken«. Daran erinnern sich die 50jährigen gern und betrachten diese ihre Vergangenheit bisweilen mit einer gewissen Rührseligkeit. Jenes Verhalten zeigt sich im wesentlichen in einem *Nonkonformismus* in der Sprache, der Kleidung, der Lebensart usw. Das Vergnügen besteht darin, das, was die soziale Umgebung von einem erwartet, gerade nicht zu tun.

Aber was heute vor sich geht, ist umfassender und radikaler als diese gewöhnliche und normale Reaktion junger Generationen; denn bei der Revolte der Jugendlichen, die wir miterleben, handelt es sich um ein Phänomen, das nicht nur oberflächlich und als Reaktion zu verstehen ist, sondern um eines, das die Frage nach dem Menschen und dem Leben in der Gesellschaft vom Grundsätzlichen her stellt. Vor dieser Tatsache darf man die Augen nicht verschließen. Um nur das Beispiel der Ereignisse in Frankreich im Mai und Juni 1968 anzuführen: Es dürfte klar sein, daß die Jugendlichen alles andere getan haben, als »den Bürger zu schrecken« und sich dabei zu amüsieren. Der dramatische Charakter der Ereignisse zeigt dies zur Genüge. Und es sind nicht nur die Studenten, die Nonkonformismus gespielt haben. Alle Jugendlichen zusammen haben sich, trotz der manchmal großen Verschiedenheit ihrer Konzeptionen, einmütig und spontan gegen etwas aufgelehnt, das man mit »bürgerliche Gesellschaft« umschreiben kann.

Es ist, glaube ich, nicht unnütz aufzuzeigen, wie verworren und deshalb gefährlich diese Bezeichnung ist. In einer bestimmten Konzeption, die bis in unsere Zeit vorherrschte, wurde das *Ansehen* als moralischer Wert von elementarer Bedeutung betrachtet. Ich glaube, daß diese Haltung nicht nur auf ein bestimmtes privilegiertes Milieu beschränkt war. Es handelte sich vielmehr um eine sehr allgemeine Haltung: Von moralischem Gewicht war derjenige, der angesehen war, d. h. wer sich an seiner Stelle einer wohletablierten Gesellschaft einem bestimmten, allgemein anerkannten Menschentyp anpaßte. Wenn es jemandem am Ende seiner Gefühlsentwicklung, seiner Erziehung und seiner Ausbildung gelang, sich dieser vorgegebenen Gesamtheit harmonisch einzugliedern, wurde er von den anderen zugelassen und fand seinen Platz und seine Möglichkeit zur Entfaltung. Man meinte im Grunde diese Tatsache, wenn man von »Ansehen« sprach. Eine solche Person wurde von den anderen geachtet, weil sie die Spielregeln beachtete.

Es wäre unentschuldbar, ein sehr tiefgreifendes und zweifellos beunruhigendes Phänomen zu übersehen: Dieses System selbst wird in seiner äußerst komplexen Gesamtheit von den jungen Menschen in Frage gestellt. Und das ist ohne Zweifel der Sinn der einmütigen und universalen Revolte gegen diesen Begriff des Ansehens, nach welchen Normen er auch aufgebaut sein mag. Zögern wir nicht, unsere Überlegungen noch weiter vorwärtszutreiben: Sicher wurde die »Ehre« auf verschiedenen Ebenen und nach unterschiedlichen Vorschriften als der vorherrschende, wenn nicht sogar ausschließliche moralische Wert erlebt. Nun ist aber nichts so mehrdeutig wie der Ehrbegriff. Er beinhaltet häufig die Anpassung an einen bestimmten Menschentyp, d. h. eine mehr oder weniger passive Unterwerfung unter eine vorgegebene Vorstellung; und das wird oft für das gehalten, was man im tiefsten Sinne des Wortes das *gute* moralische Gewissen nennen könnte. Das ist schwerwiegend, denn es handelt sich um nichts mehr und nichts weniger als um ein *irriges* moralisches Gewissen. Die Regeln eines Milieus zu beachten und dadurch noch seine »Ehre« zu bewahren, das löst in keiner Weise das eigentliche moralische Problem. Wir finden genau den gleichen Vorgang im Milieu einer gewissen »ehrenwerten« Bourgeoisie und im Milieu der Pariser Halbwelt. Es stimmt zumindest nachdenklich, daß der Bezugspunkt in diesen beiden so unterschiedlichen sozialen Welten derselbe ist.

In diesen Jahren, in denen wir leben, ist es absolut entscheidend – wie alt wir auch sein mögen –, daß wir die Gelegenheit zu dieser Bewußtwerdung, die unsere Jahre kennzeichnet, nicht vorübergehen lassen. Im Lichte der anthropologischen Wissenschaften, im Lichte der revolutionären Ereignisse und im Lichte einer äußerst komplexen Zivilisation scheinen weder Besitz, Macht, Komfort, Konsum, Fortschritt, Utopie noch »Ehre« endgültige moralische Werte zu sein noch sein zu können, um der menschlichen Unruhe (und das heißt der Grundlage der Moral selbst) eine befriedigende Lösung zu bringen.

IV. Liebe – höchster Wert

Aber worin sollen wir bei unserer vergeblichen Suche den wahren und höchsten Wert sehen? Bis in die Neuzeit ist es eine doppelte Fragestellung, durch die der Mensch immer wieder versucht hat, diesen Wert zu finden. Erstens war es die philosophische Frage nach dem, was man mehr oder weniger empirisch beobachten konnte, eine philosophische Reflexion, die den Sinn des Universums und den des menschlichen Handelns erkunden wollte. Oder er fragte zweitens (meist mit der ersten Frage sehr eng verknüpft) nach dem »vermeintlich wissenden Wesen«, d. h. nach der Gottheit, oder der Tradition der Vorfahren.

Heute hat sich das radikal gewandelt, und zwar durch das Auftreten der im eigentlichen Sinne anthropologischen Wissenschaften, die seit Anfang des Jahrhunderts ihren Aufschwung genommen haben. Mit diesen Wissenschaften erreichte die radikale Umwandlung, die etwa im 17. Jahrhundert begonnen hatte, den Menschen selbst und seine komplexe Wirklichkeit. Bei dem Versuch, zu verstehen, zu analysieren, die Dinge zu begreifen und das dann in seinem Verhalten zu realisieren und auszuwerten, greift der Mensch nicht mehr auf das »vermeintlich wissende Wesen« oder auf die Tradition der Vorfahren zurück, sondern auf die wissenschaftliche, experimentelle und methodische Untersuchung des Universums. Es ist sehr überraschend zu bemerken, wie diese radikal neue Haltung in der Geschichte der Menschheit erst am Ende einer folgerichtigen Entwicklung in die Frage des Menschen nach dem Menschen selbst mündet. Für unseren Zusammenhang sind von den anthropologischen Wissenschaften wohl Biologie und Psychologie die wichtigsten. Das heißt nicht, daß die anderen (Soziologie, Ökonomie, Politik usw.) vernachlässigt werden dürften. Aber für unser Vorhaben, nämlich für eine Reflexion über die Dynamik menschlichen Verhaltens, liegen sicher Biologie und Psychologie im Zentrum und an der Quelle der wichtigsten Fragen.

Unter Biologie ist der gesamte Bereich des Wissens vom Menschen in seiner organischen und physiologischen Wirklichkeit zu verstehen, sowohl auf struktureller Ebene als auch in der Perspektive einer Evolution. Das heißt, daß unter dem einfachen Gesichtspunkt der physiologischen Organisation der Mensch bei seinem Auftreten die gesamte Entwicklung der lebendigen Welt repräsentiert – ein Auftreten, dessen Augenblick und Umstände festzustellen übrigens sehr schwierig, wenn nicht gar unmöglich ist. In jedem Fall zeichnet sich dieses neue Lebewesen durch einen äußerst komplexen Aufbau des zentralen Nervensystems aus. In gewisser Hinsicht ist die Entwicklung des Zerebralsystems beim Menschen »exzessiv«, wenn man es mit den lediglich physiologischen Anforderungen für seine Anpassung an die Welt vergleicht. Das Netz der nervlichen Verbindungen ist so dicht, daß sich beim Menschen auf diesen Bahnen mehr als nur organisches Leben abspielen kann. Auf diesem Niveau des Daseins geschehen Dinge, die man nicht voraussehen kann und die nicht direkt und ausschließlich in physiologischen Erfordernissen gründen. Das bedeutet, daß der Mensch im Vergleich zu den anderen Lebewesen in einer grundlegend anderen Seinsweise lebt. Diese ließe sich definieren als ein reflektierendes und nach sich selbst und der umgebenden Welt fragendes Bewußtsein. In diesem Sinn und nicht in einem traditionellen philosophischen Verständnis kann man wirklich von Bewußt-Sein sprechen. Einige sowjetische Physiologen gehen sogar so weit, zu behaupten, sie könnten die *Freiheit* von nur anatomisch-physiologischen Gegebenheiten her beweisen. Nun ist dieses reflexive und fragende Bewußtsein des Menschen individuell, und jeder Mensch wird es entsprechend eigener Erfahrung leben. Es ist übrigens erst diese Ebene, auf der sich auch die von der Psychoanalyse entdeckten Gegebenheiten artikulieren lassen. Die Psychoanalyse zeigt uns (und darin liegt das Wesentliche ihres Beitrags), daß jeder von uns seine eigene affektive Erfahrung macht. Sie ist zunächst ganz dunkel und erhellt sich dann zum eigentlichen Bewußtsein hin. Dies geschieht dem Menschen von Geburt an (ja sogar schon vor der Geburt) im Bereich der Beziehungen, in denen er lebt und denen er sich entgegenstellt; und zwar entwickeln sich diese Beziehungen zunächst zu den Eltern und dann zu den anderen Menschen, die ihn umgeben.

Es sei nur ein Beispiel aus der Perspektive der modernen Psychologie angeführt. In seiner ersten Lebenszeit verhält sich das Kind, ohne sich dessen irgendwie bewußt zu sein, spontan so, daß es die Zuneigung seiner Mutter nicht verliert. Das ist natürlich nur ein Aspekt unter anderen, wenn auch ein wesentlicher. Das Bewußtsein entwickelt sich also in komplexer, konfliktreicher Erfahrung im Netz gelebter Beziehungen. Die Konflikte werden stets nur relativ gelöst und geben ihrerseits Anlaß zu neuen Konflikten. Der Aspekt der Beziehung des Einzelbewußtseins, und das heißt der Person, zu anderen tritt im Lichte der modernen Psychologie so stark hervor wie sicher noch nie in der Geschichte der Menschheit. Jede affektive Entwicklung, jede Erziehung (im Prinzip wenigstens), jede individuelle Überlegung, jedes eigenständige Verhalten, alles das zielt auf einen möglichst gelungenen und ausgedehnten Aufbau intersubjektiver Beziehungen. Das heißt: Jeder von uns neigt dazu, erst dunkel und unbewußt und dann überlegt (wenn man sich dabei auch oft täuscht), Entfaltung und Glück in der Beziehung zu anderen Menschen zu suchen. Diese anderen sind autonom und finden ebenfalls in dieser Beziehung ihre Verwirklichung. Damit werden natürlich die so komplexen Gegebenheiten der modernen Psychologie nur kurz wiedergegeben, aber unbestreitbar sind es die wesentlichsten. Das zeigen die Schriften von Professor Hesnard gut; vor allem sein Hauptwerk über *die Psychoanalyse der zwischenmenschlichen Beziehungen*[1]. Man braucht nur an jenes Wort von Freud zu erinnern, nach welchem die Psychoanalyse im Grunde dazu bestimmt ist, einer Person, die sich im Leben nicht zurechtfindet, zu helfen, wieder *lieben* und *arbeiten* zu können. Die Erhellung eines psychischen Zustandes durch die Pathologie ist schon wichtig; denn indem sie einen Mangel aufweist, zeigt sie uns gut, was sein sollte. Diese Überlegung Freuds bringt zum Ausdruck, daß die Leute sich unwohl fühlen, sagen wir verallgemeinernd: »neurotisch« sind, weil es ihnen nicht gelingt,

---

[1] Angelo Louis Marie Hesnard, Psychoanalyse du lien interhumain, Paris 1957.

sich in ein zufriedenstellendes Netz menschlicher Beziehungen zu integrieren. Tatsächlich besteht Lieben in einer Beziehung (unendlich vielgestaltig übrigens und weit über die enge Situation des Paares hinausgehend), in der der Mensch selbst und der andere eine Erweiterung und Steigerung des Daseins erfahren. Arbeiten heißt, seinen zufriedenstellenden Platz in einem gemeinsamen Werk mit anderen zu finden, in einer Situation, die im Grunde auf eine Form von Liebe hinausläuft. Hesnard zeigt in seinem Buch recht gut, wie sehr das konkrete und psychologisch erforschte Sein auf eine *Einheit* abzielt. Das meint nicht eine Vermischung, sondern jene Idealsituation, wo alle und jeder jenen unbeschreiblichen Zustand erreichen, in dem man, je mehr man eine Gemeinschaft ist, desto mehr auch man selbst ist. Man könnte leicht zeigen, daß das seit Jahrtausenden die Grundlage der menschlichen Suche ist. Ein einfaches Beispiel unter vielen macht das deutlich: der ungeschickte, widersprüchliche, dauernd zum Scheitern verurteilte Versuch der modernen Nationen, so etwas wie einen gemeinsamen *modus vivendi* zu finden.

Aus diesen kurzen Überlegungen kann man folgende, wohl sichere Schlußfolgerung ziehen: In den Augen der modernen Anthropologie ist der grundlegende moralische Wert, der einzige Beweggrund dynamischen Verhaltens das Suchen und die Förderung der *Liebe* – Liebe in der allgemeinen und weitesten Bedeutung des Wortes verstanden.

Alle diese Gegebenheiten einer modernen Betrachtungsweise verändern den Begriff einer sogenannten *natürlichen Moral* grundlegend. In einer bestimmten

Moral-Sprache beinhaltet der Begriff »Naturgesetz« einen zumindest impliziten Rückgriff auf ein schlecht definiertes Etwas, das »Natur« genannt wurde. Es ging darum, »naturgemäß« zu handeln und sich vor Verhaltensweisen zu hüten, die ihr zuwiderliefen. Ein Beispiel für das Beharren auf diesem Rückgriff bietet die Enzyklika *Humanae Vitae*. Bei einigem Nachdenken zeigt sich, daß dieses Naturverständnis Gefahr läuft, eine Art »Gottheit« zu evozieren, deren Geheimnisse man nicht durchdrungen hat, deren Wissen und Macht man respektieren muß – kann man es doch aus sich selbst nicht erreichen. Diese Haltung lief paradoxerweise beinah auf »Götzendienst« hinaus: Die Göttin »Natur« wurde als eine Art Vermittlungswesen zwischen Gott und den Menschen angesehen. Aber das, was man meist für Natur hielt, war im Grunde nur das Ergebnis einer langen und komplexen kulturellen Tradition. Gerade an diesem Punkt zerstört die Wissenschaft die Illusionen. Das gilt in besonderem Maße für die Sexualität. Was hier für den Menschen *natürlich* ist, ist das eben Erwähnte, nämlich die fundamentale Suche nach gelungenen intersubjektiven und sozialen Beziehungen, eine Suche, zu der die Initiative dem Menschen eigen ist. Kurz formuliert gilt: Die menschliche Natur ist die *Kultur*.

In dem Wortgebrauch, den wir vorschlagen, bleibt durchaus Raum für die »natürliche Moral«, man könnte fast behaupten, sie nähme jetzt erst ihren eigentlichen Platz ein. Aber dann ist der Begriff »natürlich« in Opposition zu »geoffenbart« zu verstehen. Man könnte sagen: Gegenwärtig gibt es nur noch den Menschen als fragend Suchenden in seiner Unruhe und die biblische Offenbarung, die nichts mit diesem Begriff der »Gottheit Natur« zu tun hat. Wenn man genau zusieht, merkt man, daß nicht die Moral geoffenbart ist, sondern die Allmacht der schöpferischen und erlösenden Liebe. Die christliche Perspektive muß uns in Konfrontation mit den Erkenntnissen moderner Wissenschaft, und hier besonders der anthropologischen Wissenschaften, dahin führen, uns völlig von instinktiven und primitiven Vorstellungen der Beziehung zu einem »vermeintlich wissenden Wesen« zu lösen, dessen »Wille« durch verschiedene Mittel enträtselt werden müßte.

V. Perspektiven der Sexualität

Die Feststellung ist geradezu banal, daß der durchschlagende Erfolg der anthropologischen Wissenschaften, besonders der Psychoanalyse, vor allem das Denken im sexuellen Bereich vollständig gewandelt hat. Tatsächlich hat Freud gezeigt, daß die sexuelle Wirklichkeit, im weiten Sinn des Wortes, im Zentrum der affektiven Entwicklung der Persönlichkeit, im Zentrum des Aufbaus intersubjektiver Beziehungen auf den verschiedensten Ebenen und schließlich im Zentrum menschlichen Fragens liegt. Freud hat die sexuellen Tabus zerstört und entmythologisiert, und zwar nicht, indem er der sexuellen Frage jedes wirkliche Geheimnis genommen hat, aber indem er die Mythen zerstörte. Man weiß nur zu gut, daß die sogenannten »ehrenwerten Bürger« wie auf einen Skandal reagierten. Diese Form der Reaktion besteht übrigens noch immer in einigen Bereichen, die ich als »Widerstandsbewegung« bezeichnen würde. Angesichts dieses brutalen und intensiven Konflikts können wir uns heute klarmachen, wie sehr die moralische Konzeption vom sexuellen Leben implizit und manchmal auch explizit durch eine dualistische Sicht der menschlichen Wirklichkeit bestimmt war. Die Ursprünge dieser Anschauung haben mit der Perspektive biblischer Offenbarung nichts zu tun. Es wäre sicher interessant, diese Vermischung westlichen Denkens mit den verschiedensten philosophischen Strömungen zu untersuchen und ihre Hauptlinien herauszuarbeiten. Doch ist hier nicht der Ort dafür. Die Tatsache dieser Kontamination steht heute fest. Schematisierend läßt sich sagen, daß die dualistische Konzeption den Menschen gewissermaßen als von zwei Göttern geschaffen ansah, wobei der eine, der gute Gott, den Geist und der andere schlechte die Materie, vor allem den Sexus, schuf. Die Sexualität erweckte Furcht und wurde, zumindest implizit, als eine in sich perverse oder zumindest gefährliche Wirklichkeit angesehen. Diese dualistische Sicht hatte sehr spät zu moralistischen Formulierungen geführt – sie datieren frühestens aus dem 16. Jahrhundert –, die praktisch undiskutabel und auch undiskutiert gewesen waren, die aber gerade mit dem Durchbruch der Psychoanalyse in Frage gestellt wurden, indem diese deren Simplifizierung aufzeigte. Wir erwähnen nur eine als Beispiel: die Behauptung, daß alle die Sexualität betreffenden »Vergehen« materia gravis sind, wie es in traditioneller Sprache heißt. Das würde besagen, daß jede sexuelle Betätigung, die nicht den Anordnungen der kirchlichen Autorität entspricht, »Todsünde« ist, ohne daß dieser mehr als verwirrende Begriff auch nur im geringsten geklärt wäre. Selbstverständlich kann man seit den Entdeckungen der modernen Psychologie und der Biologie die Dinge nicht mehr so angehen. Einige Moralisten trieben die logischen Konsequenzen dieser Konzeption auf die Spitze – und das geschah vor noch nicht allzu langer Zeit – und zögerten nicht zu behaupten, daß die sexuellen Beziehungen in der Ehe »erlaubte Sünde« seien, um Kinder zeugen zu können. Natürlich hingen einer solchen ungeheuerlichen Behauptung bei weitem nicht alle Moralisten an. Aber die a priori abwertende Konzeption von Sexualität, der hier eindeutig Ausdruck gegeben wurde, lag dennoch mehr oder weniger verworren der Reflexion der Moral über die Sexualität zugrunde. Dieses ganze Klima wurde durch den Beitrag der Psychoanalyse, die dazu verpflichtet, die Sexualmoral zu überdenken und auf eine grundlegend neue Basis zu stellen, zerstört. Auszugehen ist dabei von einer Perspektive, die sich vom heidnischen Dualismus total unterscheidet.

Im Lichte der modernen wissenschaftlichen Erkenntnisse erscheint die menschliche Sexualität gleichzeitig als Verlängerung und Ausdruck der sexuellen Wirklichkeit aller Lebewesen in der Welt und darüber hinaus noch als etwas ganz anderes, als etwas nämlich, das der affektiven und reflektierten Psychologie, dem spezifisch menschlichen Leben zugeordnet ist: dem seelischen und geistigen Leben. Der erste daraus folgende Aspekt ist, daß die sexuelle Aktivität wesentlich ein Tun mit anderen, ein *mitmenschliches Handeln,* ist. Der sexuelle Dialog ist ein spezifischer von besonderer Intensität und Tragweite, aber *Dialog* wie die anderen. Wenn wir von Dialog sprechen, meinen wir die Konfrontation zweier individueller Bewußtseinsebenen, die unendlich vielseitig und sogar widersprüchlich sein können. Die sexuelle Aktivität kann sogar von einer Person als die Unfähigkeit zu einem wirklichen Dialog mit dem anderen oder als die instinktive Weigerung zu dieser Begegnung (meist durch eine dunkle Angst hervorgerufen) gelebt werden. Das ist der Fall bei der Masturbation. Zweifellos gilt das ebenso – wir können es in dieser Studie nicht vertiefen – für die Homosexualität, die die Unfähigkeit zu sein scheint, den *ganz* anderen zu erreichen. Für ein menschliches Wesen bedeutet sexuelle Betätigung immer eine Beziehung zu einem anderen. Dabei ist es möglich, daß diese Beziehung nur in der Vorstellung existiert, wie z. B. bei der Masturbation des Heranwachsenden. Sie kann auch ganz negativ sein, indem sie den ganz anderen ausschließt; hierin scheint die eigentliche Bedeutung des Problems der Homosexualität zu liegen. Die sexuelle Aktivität kann – wenigstens dem Schein nach – als Beziehung zu einer anderen Person gelebt werden. In Wirklichkeit hat diese Person aber nur die Funktion einer *Sache*: Sie wird als Gegenstand der Erregung, als Gelegenheit zu »Gefühlen« und Sinnlichkeit empfunden. Es ist offensichtlich, daß es sich dabei nicht um eine mitmenschliche Beziehung handelt, d. h. um eine Betätigung, die irgend etwas mit Liebe gemeinsam hätte. Aber in der – immer relativen – Fülle der Begegnung zweier sich ergänzender Wesen wird die sexuelle Aktivität gerade zum Ausdruck dieser Begegnung und gegenseitigen Beziehung. Wenn es sich um zwei sich ergänzende Personen, die auf dem Höhepunkt ihrer Fähigkeit und ihres Engagements leben, handelt, d. h. um die eigentliche Beziehung eines *Paares*, ist es klar, daß diese Beziehung zugleich selektiv, exklusiv und definitiv ist. Sie wird spontan als solche gelebt, zumindest in der Intention derer, die sie eingehen. Ohne auch nur im geringsten zu übertreiben, kann man sagen, daß die unauflösliche Beziehung zweier Menschen auch aus der Perspektive fortschreitender Humanisierung als Ideal erscheint. Im Hinblick auf den Zusammenhang, den es zwischen sexueller Aktivität und Liebe im eigentlichen Sinne gibt, darf man eine moralische Wertschätzung der Sexualität ins Auge fassen.

Darüber hinaus meint die Sexualität des menschlichen Wesens wie die aller übrigen Lebewesen natürlich auch die Fähigkeit, Leben hervorzubringen. Die Aktualisierung der Zeugungsfähigkeit wird aber auf der Entwicklungsstufe des Menschen vom Bewußtsein, genauer vom Bewußtsein der Dauer, gesteuert; d. h., daß die bewußt gelebte Sexualität, wie die ganze übrige Existenz des Menschen, unter der Perspektive eines langfristigen *Planes* steht. Für jedes Paar ist die Steuerung der Fruchtbarkeit, also die vernunftgemäße Regelung der Aufeinanderfolge der Geburten, eine Forderung, die in ihrer Bedeutung an erster Stelle steht. Gemäß dieser gemeinsamen Steuerung wird das Paar sein sexuelles Leben mit all seinen Ausdrucksformen leben. Alle sexuellen Begegnungen sind auf dem Hintergrund dieser gemeinsamen Orientierung und des vernunftgemäßen Planens der Fruchtbarkeit zu sehen. Unter dem Gesichtspunkt einer Moral, wie wir sie anstreben, scheint es wichtig, daß das Paar sich um Verbundenheit und gemeinschaftliches Handeln bemüht. In dieser Perspektive wird ersichtlich, daß willentlich kontrazeptive Akte (durch welche Technik auch immer) berechtigter Ausdruck der Liebe und größerer Einheit des Paares sein können. Sie können sogar auf das affektive Klima in der Familie positiv einwirken. Das moralische Verhalten eines solchen Paares wird von jenem ständigen Bemühen um Synthese und Fortschritt, das sich im Dialog ausdrückt, vom gemeinsamen Angehen der Konflikte und ihren Lösungen ein ganzes Alltagsleben hindurch geleitet. Die Beteiligten können dann selber über Wert und Richtung ihres Verhaltens urteilen.

Andererseits enthüllt die Reflexion, die von den Erkenntnissen der modernen Anthropologie, genauer von der Psychoanalyse, ausgeht, auf methodische Weise – und zwar besser als je zuvor – zwei wesentliche Aspekte der Sexualität. Sie verweisen beide auf ein wirkliches *Geheimnis,* d. h. auf eine Realität, die sich unserem Verständnis und einer endgültigen Erklärung entzieht. Zunächst gewährleistet die Sexualität in der lebendigen Welt die Aufrechterhaltung und Reproduktion individuellen Lebens auf der Ebene jener Gesamtheit, die man Rasse nennt. Gleichzeitig ist sie aber auch der Punkt, an dem man die biologische Sterblichkeit des Einzel-Individuums erkennen kann. In der Sexualität drückt das Leben sich aus und pflanzt sich fort; in der sexuellen Strukturierung zeigt sich aber auch schon seit den ersten Protozoen die konstitutive Hinfälligkeit des individuellen Aufbaus belebter Materie. Die Sexualität zeigt sich als Leben erweckend und Tod ankündend. Auf der Entwicklungsstufe des Menschen, der bewußt nach seinen Bedingungen fragt, beeinflußt diese Zweiseitigkeit der Sexualität auch im Bereich des Unbewußten sein Verhalten.

Weiterhin – und dieser Aspekt hängt mit dem vorhergehenden zusammen – wird in Zusammenhang mit der Sexualität dem Menschen die Frage nach seinem Ursprung besonders bewußt. Wenn ein Kind z. B. Fragen zur sexuellen Wirklichkeit stellt, forscht es (unbewußt freilich) nach dem Geheimnis seines eigenen Ursprungs.

Auf der Ebene sexuellen Lebens im weitesten Sinn des Wortes (d. h. selbst unabhängig von genitalen Ausdrucksformen und Verwirklichungen) wird die Person am stärksten mit dem Unbekannten ihres Ursprungs und ihrer Zukunft konfrontiert.

Es mag paradox klingen, aber ich würde behaupten, daß die Jugendlichen heute die Fragen der Sexualität viel ernster nehmen als frühere Generationen. Grund dafür ist, daß man seit ungefähr 20 Jahren dank der Verbreitung psychoanalytischer Perspektiven endlich offen und objektiv in einer Suche, die sich als methodisch verstanden wissen will, darüber spricht.
Von dieser Veränderung her muß auch der Wandel moralischer Perspektiven betrachtet werden. Offensichtlich stellen sich die Jugendlichen heute nicht mehr die gleichen Fragen bezüglich ihres sexuellen Verhaltens wie vor 30 oder 40 Jahren. Genauso wie man die in der Suche gewonnene Erfahrung und deren Ausdruck schätzen kann, muß man den wirklichen Fortschritt, der wider den Augenschein vorhanden ist, anerkennen. Alles Suchen nach moralischem Verhalten, das die Bedingung menschlichen Lebens überhaupt ist, schafft Möglichkeiten der Wahl, d. h. die Ablehnung bestimmter Verhaltensweisen oder die Zustimmung zu anderen. Wichtig ist zu wissen, unter welchen Gesichtspunkten die Wahl getroffen wird. Aber in jedem Fall beinhaltet die Wahl ein Verwerfen und folglich das Verbot bestimmter Verhaltensweisen. Ausschlaggebend für das persönliche moralische Leben ist, daß diese Wahl, dieses »Verbot«, wirklich eigene Entscheidung der Person ist, die sich engagiert. Mit anderen Worten: Es ist wichtig, daß das Verbot bestimmter Verhaltensweisen von einem möglichst aufgeklärten Gewissen akzeptiert wird.

Betrachtet man die Entwicklung unseres Wissens und der Reflexion über Sexualität im Lichte der modernen Psychologie, so ist es nicht erstaunlich, daß die jungen Leute heute eine sogenannte *negative Moral* des reinen Verbots nicht mehr akzeptieren. Gegenüber einem von außen kommenden Verbot, das auf einem a priori beruht, das ihnen unverständlich ist, entsteht der Anspruch auf das, was man »sexuelle Freiheit« nennt – obwohl der Ausdruck oft Verwirrung stiftet. Nun handelt es sich tatsächlich um *Freiheit*, d. h. um ein individuelles, positives Übernehmen von Verantwortung, das höchstmögliche Aufklärung voraussetzt. Man sollte besser das Wort *Autonomie* verwenden; denn nur zu oft wird die Forderung der Jugendlichen nach »sexueller Freiheit« als ein Anspruch auf Freizügigkeit ohne tieferen Inhalt empfunden. Ich glaube, daß das ein ernstes Mißverständnis wäre. Wenn die Jugendlichen sexuelle Freiheit fordern, dann handelt es sich dabei nicht um Zügellosigkeit, sondern um das Suchen nach individueller Freiheit und Autonomie, um den Versuch, wirklich erkannte Werte zu realisieren. Bei Diskussionen mit 18- bis 25jährigen ist man über das Bemühen um Erkennen und Realisierung der wahren Werte der Liebe erstaunt. Es gibt freilich Ausnahmen, aber allgemein spürt man bei den jungen Menschen den Wunsch, jenseits von Verboten und Regeln die wirkliche Bedeutung sexuellen Lebens aus der Sicht von Liebe zu erfahren. Natürlich verschmäht diese Suche von Grund auf jenen pejorativen Dualismus, den wir soeben erwähnt haben, und das heißt das implizite a priori, nach dem die Sexualität, wenn nicht schlecht, so doch zumindest verdächtig ist. Ein zunächst schockierender, aber bei näherem Zuhören bedeutsamer Satz aus dem Musical »Hair« soll hier erwähnt werden. Dieser Satz, der in vielen Zeitungsartikeln zitiert wurde, lautet folgendermaßen: »Ja – zum Sex ohne Sünde. Nein – zum Sex ohne Liebe.« In gewisser Weise gibt es vom christlichen Standpunkt aus – sei es im Evangelium oder in der theologischen Reflexion z. B. eines Thomas von Aquin – nichts Traditionelleres. Konventionell ausgedrückt: In christlicher Sicht hat keine Tugend einen Sinn, wenn sie nicht Ausdruck von Liebe ist (d. h. von caritas). Klassisch ausgedrückt heißt das: Nächstenliebe ist die Ausdrucksform aller Tugenden. Was der sexuellen Aktivität ihren Sinn, ihre tiefe Bedeutung und ihren positiven moralischen Wert gibt, ist die Forderung der Liebe zwischen zwei Menschen. »Nein – zum Sex ohne Liebe« übersetzt genau die traditionelle christliche Anschauung in unsere heutige Sprache. Aber der andere Satz »Ja – zum Sex ohne Sünde« drückt ebenfalls die christliche Auffassung aus, und zwar genau der Schrifttradition entsprechend, daß die Sexualität als solche nicht *schlecht* ist. Man muß sich nur den Anfang der Genesis ins Gedächtnis zurückrufen: Nach Erschaffung der sexuellen Wirklichkeit sagt Gott, daß es gut, ja sogar *sehr gut* sei.

Losgelöst von archaischen Tabus und Schuldängsten kann sich die Reflexion über Moral heute hinsichtlich der Bedeutung der Sexualität in einer relativen Freiheit abspielen. Hierin liegt, glaube ich, die Bedeutung der Suche der jungen Generation. Ohne Übertreibung meine ich sagen zu können, daß diese Generation ein feineres Gespür für den Zusammenhang zwischen Liebe und Engagement des Paares hat. Freilich wirft das neue Denken über Moral, das nach positiven, wenn auch konfliktreichen und relativen Realitäten sucht, die traditionellen Gewohnheiten völlig um. Wir müssen uns klarmachen, daß diese überkommenen Verhaltensformen selbst sehr stark durch die Tabus bedingt waren, die wir eingangs erwähnten. Es wäre einfach, einige Beispiele für den tiefen Wandel der Denkweise anzuführen. Eines davon ist die Beurteilung der Masturbation beim Jugendlichen. Weit davon entfernt, eine Manifestation von Dämonen zu sein, wie es eine mehr als anfechtbare Lehre behauptete, erscheint diese Lebenszeit eines Menschen, die die normale auto-erotische Krise mit sich bringt, als eine Phase des Übergangs und des Aufbruchs, die gerade im Entdecken von etwas Neuem besteht. Auf der Ebene des psychischen und erotischen Lebens handelt es sich um eine Phase des Erwachens der Persönlichkeit. Es ist erst 20 Jahre her, daß ein Beichtvater einem 17jährigen Jungen, der sich anklagte, zwei- oder dreimal masturbiert zu haben, zurufen konnte: »Mein armes Kind! Sie haben Christus gekreuzigt.« Eine solche Antwort wirkt im heutigen Klima einfach lächerlich, obwohl die Masturbation selbst dem einzelnen Jugendlichen auch heute noch zum Problem werden kann.

Ein anderer komplexer und bedeutender Bereich ist nach diesen aktuellen Überlegungen in einem neuen Licht zu sehen. Ich meine das Problem des vorehelichen Geschlechtsverkehrs. Die Reflexion über dieses Problem, das übrigens häufig von jungen Leuten aufgeworfen wird, ist nicht so einfach, wie es zunächst erscheinen könnte. Wir sind hier zu äußerster Schematisierung gezwungen, die übertrieben scheinen mag. Die gelebte Wirklichkeit entzieht sich solchen zu engen Kategorien. Dennoch lassen sich bei dieser sexuellen Betätigung drei Bedeutungen unterscheiden. In einem ersten Stadium kann sie auf eine Art gelebt werden, die man auch als Masturbation charakterisieren könnte: Der Heranwachsende, der irgendeine Partnerin »benutzt«, um seine affektive und erotische Spannung zu lösen, ohne im geringsten die betreffende Partnerin als Person zu erleben. Die Karikatur dieser Haltung ist der Rückgriff auf eine Prostituierte, eine Frau, die per definitionem als Objekt betrachtet wird. Natürlich hat diese sexuelle Betätigung nichts mit menschlicher Beziehung im eigentlichen Sinne zu tun, und das kennzeichnet gleichzeitig ihren moralischen Wert.

Als zweite Situation kann man annehmen, daß ein noch sehr junger Mann in einer zugleich sentimentalen und erotischen und noch zögernden Weise danach sucht, das Geheimnis des anderen, d. h. der Frau, zu entdecken. Bei einer solchen Suche werden möglicherweise sexuelle Akte, im Vollsinn des Wortes, gesucht und vollzogen. In dieser Perspektive des Suchens und der Entdeckung des anderen hat die sexuelle Betätigung keineswegs mehr den gleichen Stellenwert wie in der ersten Situation. An die Stelle der Ablehnung des anderen als Person tritt hier die dunkle und unbeholfene Suche nach dem anderen (als Person). Aber das liegt in der Natur der Dinge. Diese Suche bringt also Risiken mit sich, vor allem Verwirrung und Angst bei der Partnerin, die selber auch noch nicht genügend gefestigt ist. Selbstverständlich haben Verhaltensweisen wie diese nicht die gleiche moralische Bedeutung wie die Masturbation; im Hinblick auf den Aufbau einer intersubjektiven Beziehung haben sie nicht nur negative Bedeutung. Das zeigt, wie schwierig es ist, das Problem auf folgende simplifizierende und abstrakte Frage einzuschränken: »Soll man schon vor der Ehe sexuelle Beziehungen haben oder nicht?« Nun handelt es sich hier um eine Frage, die die Jugendlichen oft stellen, und zwar nicht als Bekämpfung eines Verbots, sondern in dem Bemühen um eingehendere Reflexion und Verständnis.

Noch eine dritte Situation ist möglich. Sie ergibt sich zweifellos häufiger im intellektuellen und studentischen als im Mittelstands- und Arbeitermilieu. Es geht da zum Beispiel um zwei Jugendliche von 22 und 23 Jahren, die sich wirklich als *Personen* begegnet sind und die sich zum gemeinsamen Leben entschieden haben. Psychologisch gesehen fühlen sie sich – spontan, aber auch durch Nachdenken – schon als Paar. Aber ihr langes Studium, soziale und finanzielle Bedingungen, alles das hindert sie daran, öffentlich und offiziell dieses Engagement einzugehen. Sie haben sexuelle Beziehungen, die für sie Ausdruck ihrer gegenseitigen Bindung sind. Es ist offensichtlich, daß ihre sexuelle Aktivität eine völlig andere Bedeutung hat als bei den vorangegangenen Beispielen. Es handelt sich nicht um wechselseitige Masturbation, nicht einmal mehr um eine ängstliche und unbeholfene Suche des »anderen«. In bestimmter Hinsicht ließe sich hier von einer echten sexuellen Beziehung sprechen, die die gelebte Wirklichkeit eines Paares ausdrückt. Dennoch fehlt auch hier eine Dimension, auf die wir zu Ende dieses Kapitels kurz eingehen wollen. Ein klinisches Beispiel mag das erläutern. Wir wurden, durch die Vermittlung von Bekannten, mit der Lage eines Studentenpaares bekannt. Sie lebten nicht zusammen, trafen sich aber häufig und hatten sexuelle Kontakte, anfangs ohne große Skrupel. Aber nach einiger Zeit hörten sie damit auf, ohne irgend jemanden um Rat gefragt zu haben, nur auf ihre eigenen Überlegungen hin. Sie bemerkten, daß das Sich-selten-Sehen sie daran hinderte, *miteinander zu sprechen.* Ihr Dialog war reduziert auf die gefühlsmäßige Intensität, die es ihnen unmöglich werden ließ, ihren gegenseitigen Austausch auf andere Bereiche auszudehnen. Dieses Verhalten scheint mir bezeichnend zu sein: Das betroffene Paar hat empfunden, daß der sexuelle Ausdruck ihrer Liebe nur dann einen Sinn hat, wenn alle anderen Bereiche ihrer Begegnung und ihres Austausches sich gleicherweise frei ausdrükken und entfalten können.

Diese Veränderungen im Verständnis der Sexualität und ihres Sinns in Richtung auf intersubjektive Beziehungen zwingen dazu, die traditionelle Sexualmoral zu überdenken. Die verschiedensten Punkte wären zu klären und zu vertiefen. Dies kann jedoch auf den wenigen Seiten hier kaum geschehen. Trotzdem soll betont werden, wie sehr die bisherige Konzeption von Ehe überdacht werden muß, sowohl von menschlichen Überlegungen als auch von der sakramentalen Bedeutung der Ehe her. Wenn die Jugendlichen bisweilen heftig gegen die Institution Ehe protestieren, wie sie in unserer Gesellschaft gelebt wird, dann muß es sich da durchaus nicht um etwas Negatives handeln. Allzu oft nämlich wird die Wirklichkeit der Ehe, die offiziell und institutionell sanktioniert ist, von der jungen Generation als ein von außen auferlegter Zwang sozialer Strukturen erlebt, in denen sie für sich keinen positiven Platz und keine Zukunftsmöglichkeiten sehen. Nun liegt aber die psychologische Bedeutung der Ehe als solcher auf einer ganz anderen Ebene; man muß sie in einem anderen Verständnis sehen. Wenn ein Mann und eine Frau, die das Erwachsenenalter erreicht haben, die menschliche Umgebung, in der sie zu leben haben werden, darum ersuchen, die Wirklichkeit ihrer Ehe anzuerkennen, dann geht es dabei um die höchstmögliche Erfüllung ihrer gemeinsamen affektiven und sexuellen Entwicklung. Mit anderen Worten: Wenn ein junger Mann vor der zuständigen sozialen Autorität heiratet, bedeutet das, daß er von der Umwelt der Erwachsenen die Anerkennung seiner eigenen sexuellen Persönlichkeit fordert, und zwar auf der gleichen Ebene, auf der sein Vater-Bild existiert. Sieht man das Phänomen stärker unter psychoanalytischem Aspekt, läßt sich sagen, daß das die letzte Phase der positiven Lösung von der Kastrationsangst ist.

Sicher ist eine große Veränderung der traditionellen sozialen, kulturellen und liturgischen Ehekonzeption, wie sie uns z. B. das letzte Jahrhundert überliefert hat, notwendig. Das heißt nicht, den moralischen Wert der Partnerschaft, wie ihn die christliche Tradition vorschlägt, in Frage zu stellen. Im Gegenteil, das Ideal des Paares, das die intersubjektive Beziehung von Mann und Frau in Einheit und Treue realisiert, bleibt wünschenswert. Aber die Tendenz dahin bei den Jugendlichen müßte mehr begünstigt werden, indem man ihnen möglichst viel Freiheit, also die innere Autonomie, zugesteht, dahin zu gelangen.

Ich halte es nicht für überflüssig, am Ende dieser kurzen Überlegungen zu zeigen, bis zu welchem Grade Prüderie und Legalismus das Denken verunschärfen. Prüderie im negativsten Sinn des Wortes findet sich erstaunlicherweise in einigen Reaktionen der sogenannten »marxistischen Kirche«, und zwar fast mit denselben Ausdrücken, wie man sie bei den legalistischen und rationalistischen Moralisten des vorigen Jahrhunderts beobachten konnte, selbst wenn sie sich mit dem Etikett »katholisch« versahen. Tatsächlich hat man, sobald man den fundamentalen und kontinuierlichen Bezug zur biblischen Offenbarung und deren Höhepunkt in der Person und Lehre Christi verliert, Angst vor der Sexualität, und damit wird die moralische Einstellung ihr gegenüber negativ.

VI. Die Dramatik der Moral

Nun scheint die Verwirklichung einer Moral, die ganz auf Dynamik und Suche nach gelungenen intersubjektiven Beziehungen ausgerichtet ist, beinahe *unmöglich* zu sein. Hierin liegt sicher der letzte Grund menschlichen Fragens und seines dramatischen, wenn nicht gar tragischen Aspektes. Gewiß, die Tatsache, daß der Mensch das, wonach er strebt, niemals wird vollkommen verwirklichen können, kennen wir nicht erst seit gestern oder vorgestern. Doch führt erst in der modernen Reflexion die unbedingte Ehrlichkeit der wissenschaftlichen Beobachtung dazu, sich diesen inneren Widerspruch und dieses Unvermögen bewußt zu machen, wobei man den Widerspruch weder ausschalten noch rational erklären kann. Hierin scheint noch mehr als in der Angst vor dem Tod und dem wirklichen Leid der letzte Grund der menschlichen Zerrissenheit zu liegen: in der Unfähigkeit, gerade das, was man als die Dynamik seiner Existenz empfindet, realisieren zu können. Das läuft auf die – zunächst dumm erscheinende – Frage hinaus: »Wozu dient die Moral oder das sittliche Bemühen, da es doch nicht das erreicht und erreichen kann, was es anstrebt?«

Wenn wir zugeben, daß das Ideal von Erfüllung und Glück in dem Gelingen intersubjektiver Beziehungen besteht, müssen wir uns gleichzeitig eingestehen, daß wir dieses Ideal nie erreichen und daß wir es nicht *können*. Jeder von uns hat die verschiedensten intersubjektiven Beziehungen; die konkrete Lebenswirklichkeit bringt uns häufiger, als wir denken, in widersprüchliche Situationen, in denen Kontakte, die uns fordern, sich gegenseitig ausschließen oder doch zumindest stören. Es erscheint wichtig, über diesen Aspekt gelebter Wirklichkeit nachzudenken; denn hinter dem explosiven Unbehagen unserer Jugend steht zweifellos die dunkle, manchmal sogar bewußte Furcht vor dem inneren Widerspruch menschlichen Seins, der im Extremfall zur Verzweiflung führen kann. Es genügt, kurz ein oder zwei Beispiele anzuführen:

Häufiger, als wir meinen, befindet sich jeder von uns in solchen widersprüchlichen Situationen. Ich empfange zum Beispiel in meinem Büro einen Besucher, der sich angemeldet hatte, und will ihm aufmerksam zuhören. Die Erfüllung dieser Beziehung, die ich dann erlebe, liegt im Gelingen eines Dialogs, eines Daseins füreinander, in dem jeder von uns sich der Einmaligkeit seiner Persönlichkeit und seiner Möglichkeiten stärker bewußt wird. Die Begegnung hilft uns beiden, unsere Vermenschlichung gegenseitig zu fördern. Mitten in diese Beziehung hinein klingelt das Telefon; jemand ruft an und fordert von mir einige Minuten Aufmerksamkeit, ohne natürlich zu wissen, unter welchen Bedingungen das geschieht. Diese zweite dazwischentretende Beziehung sollte sich wie die erste in der Atmosphäre gegenseitiger Anerkennung vollziehen. Um dem Anspruch der neuen Beziehung nachzukommen, müßte ich mich also dem anderen ebenfalls ganz widmen. Ich müßte zu meinem telefonischen Gesprächspartner die gleiche Beziehung herstellen wie zu dem anwesenden. Während ich recht und schlecht am Telefon antworte, klingelt es an der Tür. (Das sind Situationen, die im Leben bestimmter Leute: Ärzte, Notare, Psychologen, Priester usw. häufig vorkommen.) Ich öffne die Tür und sehe mich einer dritten Person gegenüber, die um ein Gespräch bittet. Es entsteht das gleiche Problem: Ich müßte mich nun diesem Menschen ganz widmen, damit auch diese Beziehung sich in der idealen Perspektive intersubjektiven Austausches bewegt, wobei ich mich aber dann um die beiden anderen so lange nicht kümmern könnte. Es dürfte einleuchtend sein, daß hier eine fundamentale Unvereinbarkeit vorliegt, die nicht zu lösen ist. Entweder benachteilige ich den ersten Besucher und widme mich dem zweiten, benachteilige dann den zweiten, um mich dem dritten zu widmen – oder ich arrangiere mich irgendwie und gebe den beiden letzten Gesprächspartnern zu verstehen, daß es mir *nicht möglich* sei, ihrer Forderung zu entsprechen. Mit anderen Worten: Um eine intersubjektive Beziehung in dem erwähnten vermenschlichenden Sinn verwirklichen zu können, bin ich gezwungen, zwei andere Beziehungen nicht einzugehen, die an sich von vornherein genauso wertvoll und wichtig sind wie die erste. In dem Maße, in dem es mir gelingt, meinem telefonischen Gesprächspartner und dem dritten verständlich zu machen, daß ich mich im Augenblick nicht mit ihnen beschäftigen kann, ohne sie dabei zu verletzen, könnte ich den Schaden so gering wie möglich halten. Dennoch hätte ich das Problem des Anspruchs verschiedener Personen nicht gelöst. Das Übel kann, wenn ich geschickt bin, auf ein Minimum reduziert werden und hat dann keine ernsten Folgen. Es bleibt aber dennoch bestehen. Ich muß also durch lange Übung dahin kommen, Schuldgefühle, die ich haben kann, weil ich auf eine Bitte nicht antworte, nicht aufkommen zu lassen.

Damit wird jedoch die Komplexität solcher affektiven Situationen nur teilweise erfaßt. In jedem Fall kann ich im Alltag oft in solche Konflikte geraten, die sich nicht zu jedermanns Zufriedenheit lösen lassen. Ideal wäre, wenn ich mich jedem dieser drei Menschen ganz widmen könnte, was praktisch unmöglich ist. Ich kann nicht gleichzeitig dem Liebesangebot (im weitesten Sinn des Wortes natürlich) von drei Menschen antworten. Und diese Unfähigkeit gilt natürlich für jeden. Wenn wir die Ebene viel weiterer und komplexerer Beziehungen von Gruppe zu Gruppe, Nation zu Nation, »Block« zu »Block« betrachten, geht es im Grunde um dasselbe Problem. Bei diesen Beziehungen spielt etwas mit, das eine grundsätzliche Ambivalenz, die man als konstituierend bezeichnen könnte, ausdrückt: Es geht immer um etwas Fragmentarisches und also Begrenztes. Schließlich spielt der Faktor Zeit hinein. Man macht überall enorme Anstrengungen, sich aufeinander abzustimmen, den Frieden auf der Erde herzustellen und so entsetzliche Zusammenstöße, wie wir sie seit ungefähr 50 Jahren kennen, zu vermeiden. Aber gleichzeitig gibt es trotz aller Einigungsbestrebungen Unverständnis, Mißverständnisse, Unfähigkeit, sich zu verständigen, so daß weiterhin – zumindest in lokal begrenzten Gebieten – Kriege geführt werden mit ebensolcher Dauer und Intensität wie in der Vergangenheit. Wie Hesnard[1] auf den ersten Seiten seines Buchs über die Psychoanalyse der menschlichen Verbindungen bemerkt, ist es der unbedingte Wille der Menschheit, zu einer Einheit durch Verständigung zu

[1] Angelo Louis Marie Hesnard, Psychoanalyse du lien interhumain, Paris 1957.

kommen. Die Wirklichkeit zeigt jedoch die totale Unfähigkeit, dahin zu gelangen. Die kindliche und phantasievolle Reaktion der Hippie-Bewegung ist ein hervorstechendes Symptom der Unzufriedenheit, wenn nicht gar der Angst vor jener menschlichen Unfähigkeit, das Erhoffte je zu erreichen.

In unserer Situation, die mehr und mehr intellektuelle Redlichkeit fordert, ist es wichtig, diesem inneren Widerspruch mutig zu begegnen. Wenn man der moralischen Reflexion neue Perspektiven eröffnen will, d. h. gemeinsam mit den Jugendlichen versuchen will, den Sinn menschlichen Handelns zu verstehen, darf man vor dieser anscheinend unlösbaren Frage nicht die Augen verschließen. Es geht nicht darum, die jungen Menschen in Kategorien einzuschließen, die a priori gelten und die unserer bisherigen Zivilisation entsprechen, also in das, was man »legalistische Moral« nennen kann. Aber es geht auch nicht darum, unter dem Vorwand, sie zu verstehen, sie unbemerkt zu einer Art von idealistischem Romantizismus zu führen. Dessen brutales Ende wäre sicher eine Katastrophe.

Die wissenschaftlichen Erkenntnisse Freuds klären uns über die Kommunikationsschwierigkeiten unter den Menschen – ob es sich um Einzel- oder Kollektivbeziehungen handeln mag – auf positive, aber schließlich grausame Art auf. Verallgemeinernd läßt sich sagen, daß man diese Schwierigkeiten zwar analysieren, jedoch nicht ihren Grund wissen kann.

Um vor einem anderen ganz man selbst zu sein und ihm dabei zu erlauben, auch ganz er selber zu sein, ist es vor allem erforderlich, die richtige Distanz zu treffen, d. h. es muß die Grenze klar und genau gezogen werden, die es dem einzelnen erlaubt, auch auf der Ebene des Unbewußten nicht einmal teilweise mit einem anderen vermischt zu werden. Gerade diese wesentliche Forderung ist aber wegen der Entwicklungsweise des persönlichen affektiven Lebens in der Beziehung zum anderen nicht erfüllbar, wie die Psychoanalyse herausgefunden hat. Auf diesen wenigen Seiten können wir auf Einzelheiten dieser wichtigen Frage nicht eingehen. Doch kann man die Ambivalenz der affektiven Entwicklung so zusammenfassen: Von Anfang an, seit der Dialektik von Geburt und ersten Lebensmonaten, kann das Kind das in ihm angelegte Bewußtsein seiner Identität nur leben auf Kosten einer partiellen Vermischung mit einem anderen, zunächst vor allem der Mutter. Das geschieht in einer anfänglichen, konstitutionsbedingten Unsicherheit über den genauen Punkt, an dem das »Ich« sich vom »anderen« unterscheidet. Dann tritt fortschreitend und zweifellos viel schneller, als unsere Beobachtung es begreifen mag, das Phänomen *Sprache* auf. Dabei geht es um eine nie endende Frage, nämlich um die nach den mehr oder weniger strukturierten Mitteln, die das einzelne Bewußtsein erarbeiten kann, um sich dann mit einem anderen Bewußtsein in gegenseitigen, immer erneuten Fragen austauschen zu können. Wenn wir den Begriff Sprache so verstehen, merken wir schnell, wie ambivalent er ist. Einerseits erlaubt Sprache jedem Bewußtsein, einem anderen etwas von sich selber zu offenbaren. Sprechen ermöglicht einem, dem anderen Aspekte von sich selbst zu zeigen. Aber *gleichzeitig* offenbart dieses Sich-gegenseitig-Öffnen dem einzelnen nur noch stärker, daß der Bereich des Nichtmitteilbaren bei weitem größer ist als der des Mitteilbaren. Mit anderen Worten: Sich mitteilen zu können zeigt nur noch deutlicher die Unfähigkeit, sich völlig mitteilen zu können. Die Ambivalenz des menschlichen »Wortes« ist wesentlich und konstituierend. Es ließe sich beinahe behaupten, daß man nur jenseits der Sprache zur Vollkommenheit, Fülle und Transparenz gegenseitiger Kommunikation gelangen kann. Die Sprache erscheint dann nur als ein vorübergehendes Mittel. Wie aber eine solche endgültige Kommunikationsmöglichkeit aussehen könnte, davon haben wir nur eine sehr verworrene Vorstellung. Doch im täglichen Leben machen wir – wenn wir darauf achten – Erfahrungen, durch die wir sie erahnen können. Wir alle haben schon Augenblicke gemeinsamer Freude oder Emotion erlebt, wo es das beste ist zu schweigen, d. h. das ambivalente Gefängnis expliziter Sprache zu verlassen.

Aber diese Ambivalenz, von der wir uns nicht befreien können und die wir doch täglich beobachten, auch wenn wir kaum darauf achten, ist im Grunde nur ein Aspekt einer noch tiefergehenden Ambivalenz, die Freud entdeckt hat, indem er nacheinander das Prinzip der Lust und der Realität und den von ihm so benannten, sicher diskutablen Begriff des Todesinstinktes beschrieben hat. Mir scheint in seinem Vorgehen eine Intuition, ein wissenschaftliches Erahnen von etwas absolut Fundamentalem zu liegen. Es handelt sich, wenn man die Begriffe überträgt, um das nicht mehr auf philosophische Weise gewonnene Bewußtsein, um den direkten Erkenntnisgewinn der existentiellen und konstituierenden Dialektik von subjektivem Bewußtsein und *Zeit*. Von den ersten Reaktionen des Kindes bis zu spontanen Reaktionen des Erwachsenen neigt der Mensch dazu – sowohl im Kollektiv wie als Einzelperson –, sich bei einer immer unvollendeten Dynamik, nämlich der der Zeit, zu engagieren. Gleichzeitig will er sie auch beherrschen, sie sozusagen aufheben – aus einer Sehnsucht nach Vollkommenheit heraus, die jedoch nie erreicht wird. Wir sind bewußte Wesen, die gleichzeitig eine fortschreitende Erfüllung unseres Selbst und eine »Ewigkeit« wünschen, d. h. einen Status, in dem man den furchterregenden Grenzen der eigenen Lebenszeit entfliehen könnte. Das explizite Ich-Bewußtsein ist gleichzeitig Wissen und Negation der konkreten Bedingung zeitlichen Ablaufs, der zum Tode führt.

Beim heutigen Stand der Erkenntnis scheint es mir unerläßlich zu betonen, daß jedes Bemühen um Reflexion oder moralisches Handeln von dieser Ambivalenz herkommt und daß wir nichts daran ändern können.

Diese aktuellen Feststellungen und zweifellos neuen Überlegungen, die durch sie hervorgerufen werden, lassen in anderem Licht erscheinen, was man schon seit jeher gespürt und in traditioneller Sprache »Erbsünde« genannt hat – eine heute besonders fragwürdige Bezeichnung. Die konkrete und sichtbare Existenz des Menschen ist von sich her in ihrer Dynamik widersprüchlich: Sie ist mit der ablaufenden Geschichte verknüpft und will *gleichzeitig* deren Ungenügen aufheben und sie beherrschen. Die Formulierung dieser Feststellung basierte im religiösen Bereich bis heute auf bestimmten Vorstellungen und artikulierte sich in bestimmten Vokabeln. Die Vorstellung eines »Sündenfalles« einer höheren und idealen Welt war im Grunde bis heute vorherrschend. Wir können die Dinge aber nicht mehr in dieser Weise konzipieren. Es gab kein »goldenes Zeitalter« oder ein »Paradies«, aus dem wir durch unsere »Schuld vertrieben« sind. Alles ist komplexer und bei weitem *unerklärlicher.* Außerdem finden wir weit vor unserer Zeit eine Formulierung ganz anderen Stils: bei Paulus, einem Mann, von dem wir annehmen können, daß er diesen inneren Widerspruch selber erlebt hat. In einer geradezu »modernen« Sprache schreibt er im siebten Kapitel des *Römerbriefs* folgende Zeilen, die keineswegs einer rein intellektuellen Ebene entstammen: »Das, was ich tue, verstehe ich nicht; denn ich tue nicht das, was ich will, sondern was ich hasse. Wenn ich also das, was ich nicht will, tue, gebe ich zu, daß das Gesetz gut ist. In Wirklichkeit bin nicht mehr ich es, der die Tat begeht, sondern die *Sünde,* die in mir wohnt... Das Gute zu wollen, erscheint mir erreichbar, aber nicht es zu tun. Das Gute, das ich will, tue ich nicht, und begehe das Böse, das ich nicht will. Wenn ich nun das tue, was ich nicht will, dann *bin nicht mehr ich es, der die Tat begeht,* sondern die in mir wohnende Sünde... Das Gesetz des Herrn gefällt dem inneren Menschen in mir; aber ich spüre ein anderes Gesetz in meinen Gliedern, das gegen das Gesetz der Vernunft kämpft und mich an das Gesetz der *Sünde,* die in mir wohnt, fesselt. Ich Unglücklicher! Wer wird mich von diesem Körper, der mich dem Tode weiht, befreien?« (Röm 7,15–17. 18b–20.22)

Man muß nicht lange beweisen, daß das Wort *»Sünde«* in einem solchen Text gar keinen *moralischen* Beigeschmack hat. Es handelt sich nicht um begangene Fehler, die man sich selber vorwerfen muß. Es geht um etwas völlig anderes, nämlich um ein Mysterium des Widerspruchs, das im Text des Paulus sozusagen personifiziert wird: Die *»Sünde«* wird dargestellt als »jemand, der in mir gegen meinen eigenen Willen handelt«. Und dennoch bin ich der Handelnde. Die traditionelle Sprache drückte auf ihre Weise dieses Faktum aus, das wir so formulieren möchten: Das Drama des Widerspruchs hat seinen Ursprung im Menschen.

Wenn wir uns vornehmen, mit jungen Leuten über Moral zu sprechen, müssen wir uns vorher folgende Frage stellen: Was wollen wir tun? Wollen wir sie dazu zwingen, sich in ein System erdachter Kategorien einzufügen, das auch uns nur zum Teil befriedigt hat und das uns unsere innere Unsicherheit auch nicht nehmen konnte? Oder wollen wir ihnen *brüderlich* unsere eigene Erfahrung und ein stets offenes Suchen vermitteln? Tatsächlich besteht die eigentliche christliche Botschaft, so wie sie sich aus der ganzen Dynamik der biblischen Offenbarung ergibt, nicht aus einer Moral-*Lehre.* Sie beinhaltet keine am Verhalten des Menschen orientierte Dynamik; denn eine solche entsteht seit eh und je durch ein Suchen, das aus dem Menschen selber kommt, und durch ein Wissen des Menschen von seiner inneren Spannung und seinem persönlichen Lebensdrama. Die biblische Botschaft wirft nur ein

Licht auf dieses Suchen. Ein bedeutender Ansatzpunkt liegt in den zitierten Paulus-Versen. Man hat nicht erst auf die Bibel warten müssen, um sich die Frage nach richtigem Verhalten zu stellen. Man mußte ebenso nicht auf Freud warten, um sich bewußt zu werden, daß diese Frage nicht einfach ist und daß es in unserem Innern einen unerklärlichen Widerspruch gibt. Schon immer hat der Mensch – in den verschiedensten Formen natürlich – empfunden, daß es seine Bestimmung ist, zu lieben. Und genauso hat er immer wieder gespürt, daß es ihm nicht gelang. In welcher Kultur und Ausdrucksform der Mensch auch leben mochte, er war immer davon besessen, die Fülle der Liebe zu erreichen. Die meisterhafte Formulierung Hesnards in seinem Buch ist im Grunde nur ein genaueres Erfassen dieser fundamentalen Forderung menschlicher Existenz. Eine größtmögliche Pointierung dieser Forderung für alle Ebenen intersubjektiver Beziehungen drückt kurz und einfach das Bibelwort aus: »Du sollst deinen Nächsten lieben wie dich selbst.« Was die in Christus inkarnierte biblische Offenbarung uns geben kann, ist die Sicherheit darüber, daß diese *Liebe*, der wir ängstlich nachlaufen, tatsächlich *existiert*, allem vorausgeht und Ursache unseres Lebens ist.

Wenn man das Spezifische der biblischen Botschaft verstehen will, bemerkt man, daß der Mensch sich in seiner Angst dort nicht mehr an ein »vermeintlich wissendes Wesen«, das Macht und Autorität besitzt, wendet. Es geht um etwas ganz anderes: Im historischen Jesus offenbart sich die *Liebe* selbst. Und das verändert grundlegend das ängstliche Wissen des Menschen von seinem Elend, das wir Erbschuld zu nennen pflegen. Auf dieser Ebene überschreitet man den Engpaß der Angst gegenüber einem – um mit Freud zu sprechen – Vaterbild, das die oberste Autorität besitzt und dem Sohn die Existenz streitig macht. In Freudscher Perspektive geht es wirklich um eine (im thomistischen Sinn des Wortes) analoge Wandlung des Begriffs der Vaterschaft. Die Bibel spricht nicht mehr von einem »vermeintlich wissenden Wesen«, das den Menschen bestraft, wenn er nicht nach seinem Willen handelt, sondern sie meint die Liebe, die unsere Möglichkeiten unendlich überschreitet, die in allem zu uns kommt (den Tod miteingeschlossen), um uns zu helfen, zur Erfüllung zu gelangen. Im Hohenlied der Liebe heißt es, daß die Liebe stark wie der Tod sei; wenn der Tod stark ist, so deshalb, weil er das letzte Wort dem Leben gegenüber hat. Die Liebe ist stark wie der Tod; sie hat also das letzte Wort, auch über den Tod. Hierin allein liegt der letzte Sinn der biblischen Offenbarung. Ich halte es nicht für übertrieben zu behaupten, daß, dank den Beiträgen der anthropologischen Wissenschaften und besonders der Psychologie, das klare Bewußtsein von dieser Einzigartigkeit der biblischen Offenbarung sich von einer jahrhundertealten Kultur befreien kann, die diese Offenbarung recht und schlecht trug, aber in einem Kontext, der geprägt war von Moralismus, Rationalismus und Legalismus. Die einzigartige und fundamentale Forderung der Liebe stellt sich dem modernen Bewußtsein genauso stark, wie sich andererseits die Unmöglichkeit des Gelingens erweist.

Dies könnte uns in bezug auf moralische Reflexion und Engagement helfen, unsere Existenz zu verwandeln. Zunächst im täglichen Leben: Weiß man, daß »die Liebe einen liebt« – worin eben der tiefe Sinn des Glaubens liegt –, lebt man nicht mehr auf gleiche Weise. Hier kann uns ein Vergleich helfen. Ein Mann, der von seiner Frau und seinen Freunden wirklich geliebt wird und sie ebenso liebt, wird den anderen gegenüber aufmerksam sein. Er wird eine bestimmte innere affektive Sicherheit besitzen, die ihm Freiheit im Verhalten gibt, und er wird nicht mehr so leben wie ein Mensch, der nicht geliebt wird oder nichts davon weiß. Und bei vielen schwierigen und freudigen Gelegenheiten wird er daran denken, daß er geliebt wird. Er wird seine Frau und seine Freunde, explizit oder innerlich, darum bitten, ihm diese Liebe zu zeigen; das gibt ihm Kraft zum Handeln und Dynamik zum Risiko.

Hierin liegt vielleicht die eigentliche Bedeutung des *Gebetes.* Tatsächlich lebt der Mensch, der sich von der Liebe in Christus geliebt weiß, nicht mehr auf gleiche Weise, und er wird die Liebe selber darum bitten, ihm zu helfen, mehr und besser zu lieben. Das ist zweifellos die praktische Bedeutung des folgenden erstaunlichen Satzes aus dem *Römerbrief*: »Ich bin sicher, daß weder Leben noch Tod, weder Engel noch Mächte, noch irgendein Wesen uns von der Liebe Christi zu trennen vermag, die sich in Jesus Christus unserem Herrn geoffenbart hat.« (Röm 8,38)

Andererseits ist das Bemühen des Menschen um Verwirklichung der Liebe nur von sich aus zum Scheitern verurteilt. Ein anderer, für die christliche Offenbarung spezifischer Aspekt betrifft genau diesen Punkt, nämlich die Vorstellung vom »Heil«, wie es traditionell ausgedrückt wird. Wir können diesen Begriff heute nicht mehr in juridischer Form konzipieren oder annehmen. Man muß vielmehr in der Person Jesu und ihrer konkreten Geschichte – so ungenau wir sie auch durch die Dokumente kennen mögen – die Botschaft der Liebe, die über den Tod triumphiert, erkennen. Darin liegt das Zeichen des »Heils«. »Es gibt keine größere Erprobung für die Liebe, als sein Leben hinzugeben für die, die man liebt.« Das ist das Wesentliche, der Kern der christlichen Offenbarung. Auf dieser Ebene findet eine völlige Umwandlung des »Vater«-Begriffs und der Abhängigkeit von diesem statt. Angst vor dem Risiko und Angst vor Schuld werden verwandelt. Christus ist nicht durch den »Vater«, sondern durch die Menschen gekreuzigt worden. Derjenige, der ihn *auferweckt* hat, d. h. seinen Triumph über den Tod kundgetan hat, ist eben dieser *Gott*-»Vater«.

Die Entdeckungen der anthropologischen Wissenschaften führen uns dahin, die Begriffe Sünde, Schuld, Heil (d. h. Vergebung) gegenüber der legalistischen und juridischen Konzeption vergangener Jahrhunderte ganz neu zu konzipieren. Ich bin davon überzeugt, daß diese neue Sicht in viel direkterer Verbindung zur biblischen Botschaft steht als die alte. Für eine neue Konzeption moralischen Verhaltens für die Jugend muß man auf dieser biblischen Ebene eine gemeinsame, sehr gründliche Reflexion über den Begriff der Sünde und das sogenannte Bußsakrament beginnen. Weit davon entfernt, dessen Sinn oder Wert zu leugnen, glaube ich, daß diese Gedanken uns im Gegenteil helfen, ihm eine wirklich *übernatürliche* Bedeutung beizumessen.

Schluß

In der heutigen Zeit, die von Angst und großer Unsicherheit geprägt ist, geht es darum – als Folge eines immer methodischeren Bewußtseins des Menschen von sich selbst –, laut zu verkünden, daß der einzige Wert, der moralischem Bemühen und menschlichem Handeln Dynamik verleihen könnte, die Liebe im weitesten und vollsten Sinn des Wortes ist. Wenn wir eine »christliche Unterweisung« ins Auge fassen wollen, müssen wir aufzeigen, daß gerade diese Feststellung auf der Linie der göttlichen Offenbarung liegt und daß das Spezifikum der christlichen Botschaft die *Hoffnung* ist. Sollte der eigentlich christliche Aspekt der Moral nicht gerade in der gelebten Integration von Mißerfolgen im Handeln, in der »Moral«, im Faktor »Zeit« liegen? In konkreter und authentischer christlicher Haltung geht es für uns alle – einzeln und gemeinsam – darum, die Unsicherheit, die gerade die Triebfeder hoffenden Handelns ist, auf uns zu nehmen. Die Hoffnung besteht aber im Glauben daran, daß die Liebe existiert und schließlich über alles triumphieren wird, d. h. in der persönlichen und zentralen Beziehung zu Christus Jesus.

Das befähigt dann dazu – und darin liegt die eigentlich christliche Haltung –, der fordernden Gegenwart und gleichzeitig ihrer Ausweitung jenseits der Zeit *aufmerksam* zu begegnen.

Nachwort

von R. Simon

Das Lexikon von Robert definiert »Nachwort« als einen Kommentar, der am Ende eines Buches steht. Ich werde mit dieser Definition ziemlich frei umgehen, da ich weniger beabsichtige, Oraisons Überlegungen zu kommentieren und zu erklären, als sie fortzuführen und bestimmte Themen anders zu akzentuieren. Ich will eine Art Dialog mit dem Autor führen, der gleichzeitig ein Freund ist. Es ist andererseits klar, daß ich hier nur auf einige Aspekte des Werks eingehen kann.

Marc Oraison besitzt das Geheimnis schlagender Formulierungen, die natürlich ihre starken und schwachen Seiten haben. Ihre Stärke besteht darin, daß sie das Wesentliche hervortreten lassen, ihre Schwäche, daß sie in ihrer Kürze etwas vereinfachen. Eine der Formulierungen des Textes scheint besonders interessant zu sein, und zwar: ein »vermeintlich wissendes Wesen« (S. 22ff.). Diese Formulierung klagt ein verfremdetes Bild von Gott und der Vorsehung an, das dem nahesteht, das der marxistischen und Freudschen Kritik ausgesetzt war; es ist mehr oder weniger identisch mit der Idee von einer göttlichen Allwissenheit und Allmacht, die mit dem Wissen und der Macht des Menschen konkurrieren will. Der Fall Galilei und der Kampf um wissenschaftliche Rationalität (in den Natur- und anthropologischen Wissenschaften), das Aufkommen der demokratischen Freiheiten und das Verschwinden eines bestimmten Typs sozialer Hierarchie,

die Säkularisierung der Werte usw., alles das wurde von den Männern der Kirche als Sakrileg empfunden, ein Sakrileg, das nach und nach die Gebiete, die bisher dem Gottesreich gehörten, annektierte. (Man vergleiche dazu die Verurteilungen im *Syllabus* und die Theologie, die hinter der Weihe an das Herz Jesu und an Maria steht.) Alles das will Oraison mit jenem Begriff »vermeintlich wissendes Wesen« anklagen.
Er steht auch einer Haltung kritisch gegenüber, die nur die Folgerung aus dieser Konzeption von Gott ist, nämlich dem Verzicht auf Initiative, der Flucht vor Verantwortung und – das ergibt sich daraus – der Gefahr der Zustimmung zu sozialen Ungerechtigkeiten, die im Namen der Ordnung, des Friedens und der Ruhe akzeptiert werden. So betrachtet besteht kein Zweifel, daß die Formel des Autors an brennende Fragen erinnert: Die Propheten des 19. Jahrhunderts hießen Proudhon, Saint-Simon, Marx; ihre Worte haben die Energien der Arbeiterklasse mobilisiert, die die Kirche verlor.
Der Begriff weckt noch ein anderes, zunächst unerwartetes Interesse: Er bezieht sich auf einen bedeutsamen Aspekt des traditionellen Begriffs »Naturgesetz«. Von letzterem sagte Thomas, daß der Mensch durch seine Vernunft und seine Freiheit folgende Besonderheit des Seins besitzt: *providentia sui et sibi* (der Mensch ist Vorsehung seiner selbst und für sich selbst). Was soviel heißt wie: Wissen und Macht über sein Tun und sein Verhalten sind ihm auf Grund seiner Natur als vernunftbegabtem Wesen eigen. Er muß also seine Intelligenz und seinen Willen aufbieten, um das Ziel seiner Handlungen definieren und die Mittel

für seine Aufgaben bestimmen zu können. Der moralischen Tat liegen ethische Intuitionen zugrunde, die Bedingung der Möglichkeit jeden Werturteils sind; andererseits gibt es den unendlichen Bereich der Normen und Gesetze, der Entscheidungen und Optionen, individuell oder im Kollektiv, die mit einer beschwerlichen rationalen Suche und einer schwierigen praktischen Verwirklichung verbunden sind.

Natürlich ist die Vorsehung deswegen noch nicht eliminiert. (Das ist ein Punkt, den Oraison wenig hervorgehoben hat – aber mußte er es tun?) Sie spielt weiterhin eine Rolle im Bewußtsein des Glaubenden, genauso wie der Begriff des Gehorsams dem Willen Gottes gegenüber erhalten bleibt. Aber wer kennt nicht den Mißbrauch, zu dem diese beiden Kategorien Anlaß waren? Es ist unnütz, sich mit deren Erwähnung aufzuhalten. Um es kurz zu sagen: Der Gehorsam dem Willen Gottes gegenüber verweist auf zwei Pole, auf das in der Kirche gehörte Wort Gottes mit seinen Fragen und seiner Interpellation und auf die Welt mit ihren Werten, ihrer Geschichte, ihren Hoffnungen, Ängsten, Anrufen, ihrer Zweideutigkeit und ihrer Sündhaftigkeit. Es genügt, eine Anspielung auf diese beiden Bezugspunkte zu machen, um zu zeigen, wie schwierig es ist, den Glaubensgehorsam zu konzipieren und zu leben. Was kann man tun, damit er nicht als simple Ignoranz vor dem Unbekannten erscheint, wie eine Unterwerfung unter Determinismen, die ungenügend erforscht und noch wenig beherrscht werden? Der Gehorsam einer Schicksalsmacht gegenüber – welche neuen Formen sie auch annehmen mag – darf nicht mit Glaubensgehorsam verwechselt werden.

Dieser gehört einer anderen Ordnung an: Er entspringt der Begegnung mit diesem absolut anderen, der Gott heißt; er bedeutet ein dem Selbstgenügen Entrissensein und führt, mit ihm, auf die Wege des Lebens in ein Abenteuer, das unsere Berechnungen und Voraussagen zunichte macht. Der Weg des Gehorsams ist im Grunde der der Liebe; er hat Petrus von seinem Fischerboot zum Blutzeugnis, Paulus vom Verfolger zur Predigt des Evangeliums und ins römische Gefängnis geführt. Ein solcher Gehorsam wird nie gegeben oder »gemacht«. Deshalb kann er nicht aus einer Sicherheit, die durch Gesetzesbeobachtung entsteht, kommen. Freilich, er unterdrückt nicht das notwendige Gesetz, denn wir sind alle Sünder, und wir leben in einer Gemeinschaft. Aber dieser Gehorsam ist jenseits vom Gesetz; er sucht seine Motivationen nicht im Respektieren von Regeln und Normen, sondern im Empfangen des anderen, im Hören seines Wortes und dem Ersinnen einer Treue, die nicht bloße Wiederholung sein kann.
Alles das sagt und wiederholt Marc Oraison auf seine Weise seit langer Zeit. Was er – nicht ohne Paradox – anklagt, ist alles das, was sich dem Schöpferischen im Leben, der Bewegung, der Dynamik der Liebe widersetzt. Seine Kritik wendet sich auch gegen all diejenigen, die sich den Dingen nicht stellen, da eine solche Überprüfung zu aufreibenden Revisionen führen müßte. Das vorliegende Buch bewegt sich auf eben dieser Linie. Ich hoffe, daß die Auseinandersetzung mit jenem Begriff des »vermeintlich wissenden Wesens« das gezeigt hat.

Ein zweiter Begriff, der der »Gottheit Natur«

(S. 43 ff.), ist dem ersten benachbart. Die Verwandtschaft der beiden Ausdrücke erspart mir lange Erklärungen. Mit der Kategorie »Gottheit Natur« will der Autor den mythologischen Nimbus kritisieren, den dieses Konzept von seinen Anfängen her bewahrt hat: Als eine Art Vermittlungswirklichkeit sei die Natur ein offenes Buch, das der Mensch nur zu lesen habe, um den Willen Gottes zu erfahren. Aber wir sind in diesem Punkt skeptisch geworden, und das Phänomen der Säkularisation und der Entsakralisierung hat uns kritisch gegenüber dem »naiven« Finalismus des vorklassischen Zeitalters gemacht. Man müßte ausführlich die verschiedenen Auslegungen behandeln, die der Begriff »Natur« erfahren hat, doch ist das hier nicht möglich. Ich würde einfach sagen, daß in dem Ausdruck »Naturgesetz« der Begriff »Natur« jenen Kern unveräußerlicher Werte meint, die man nicht antasten kann, ohne den Menschen in seinem Sein selbst und in den Bestimmungen, die seine Zukunft polarisieren, zu bedrohen. Der Begriff verweist also nicht von vornherein auf die »natürlichen« Strukturen und Funktionen, wie sie die modernen Naturwissenschaftler erforschen. Dennoch bleibt, daß man bei der inhaltlichen Bestimmung des »Naturgesetzes« allen Elementen (den biologischen, psychologischen usw.), die das Sein des Menschen konstituieren, Rechnung tragen muß. Aber eine »natürliche« Gegebenheit, die bloße Finalität einer Funktion, kann niemals als solche zum Moralgesetz erhoben werden. Gegen eine solche falsche Auffassung wendet sich Oraison; seine Art, die Dinge zu sehen, hebt aber nicht die Objektivität einer ethischen Regel auf. In letzter Analyse setzt er diese Objektivität im

Netz intersubjektiver Beziehungen an, die vom biblischen Liebesgebot bestimmt werden. Die höchsten Ziele, die die Förderung des Personseins garantieren, bilden den objektiven Rahmen für moralisches Verhalten. Die biologische Zweckmäßigkeit ist ein integrierender Bestandteil, aber sie wirkt niemals determinierend auf eine moralische Handlung. Man könnte diese Behauptung durch viele Beispiele bestätigen. Vielleicht hätte man sich vom Autor eine genauere Untersuchung dieses Problems gewünscht.

Wenn Oraison, nicht ohne Grund übrigens, den übermäßigen Gebrauch der Begriffe »Natur« und »Naturgesetz« in der Moraltheologie kritisiert, ist man dennoch nicht überrascht, daß der Begriff »Natur« in der Analyse der Entwicklungsgesetze des Menschen wieder auftaucht, die er in großen Zügen aus Quellen der Psychoanalyse zeichnet. Es ist eben richtig – was der Autor indirekt anerkennt –, daß man die Kategorie »Natur« nicht völlig beiseite schieben kann, da doch die menschliche Person die unauflösliche Einheit von Natur und Freiheit ist. Man muß aber doch bemerken – und der Unterschied ist beachtlich –, daß man sich mit den Analysen Oraisons gleich auf einer menschlichen Sinnebene und in den Gesetzen der menschlichen Entwicklung befindet. Andererseits ergibt sich ein Werturteil nie aus der bloßen Beschreibung: Das Glück, das der Autor als Ziel menschlichen Handelns ansetzt, ist weder ein Tatbestand noch das einfache Resultat psychologischer Determinanten, sondern innerhalb der Grenzen menschlicher Möglichkeiten Objekt einer Wahl und eines Planes.

Diesen beiden Bemerkungen möchte ich noch zwei weitere, kürzere anschließen. Sie fügen sich in die Perspektive, die Oraison vertritt und die zweifellos das Hauptverdienst seines Werkes ist. Seine Absicht ist, menschliches Handeln als ein Projekt, die Entwicklung des Menschen als eine von ihm gestaltete Geschichte, die Moral als Reflexion über die Dynamik dieses Projekts und dieser Geschichte darzustellen. Von daher besitzen die Prinzipien, die menschlichem Tun die Richtung weisen, ihrerseits die Energie, die man in der Dynamik des Verhaltens findet. Man versteht dann auch, daß für den Autor Moralgesetze eine Beweglichkeit des Lebens und Entwicklungsfähigkeit behalten müssen und daß die einzelnen Akte ihren letzten Wert nur von der umfassenden Bedeutung der Person her erhalten. Man muß diese Perspektive im Auge haben, um den richtigen Wert dessen, was der Autor über das Prinzip der Totalität sagt, schätzen zu können. Das Eheleben ist das Projekt eines Lebens zu zweit, und die Fruchtbarkeit ist eine wesentliche Dimension dabei. Es kommt den Eheleuten zu, die Zeit der Geburten so zu bestimmen, daß dies zum Besten der Personen, die die Familie bilden werden, gereicht. In diesem globalen Sinn müssen sie dem ehelichen Akt sowohl seinen Wert bewahren als auch vielleicht eine neue Geburt vermeiden. Oraison meint, daß der Gebrauch von Verhütungsmitteln legitim ist, um diesem Ziel zu dienen. Man könnte in Treue zu *Humanae Vitae* diesen Gebrauch auf der Linie des geistigen Wachstums, von dem ich eben sprach, sehen. Die Kluft, die sich zwischen der Praxis der Eheleute und der festen Regel des päpstlichen Dokumentes ergeben könnte, müßte allerdings überbrückt werden. Sie wäre aber dennoch kein Anlaß zu einem unwiderruflichen Urteil gegen das Verhalten von zwei eigenständigen Gewissen, die sich sehr wohl auf dem Wege biblischer Vervollkommnung befinden können.

Etwas Ähnliches ließe sich über den vorehelichen Geschlechtsverkehr sagen. Auch hier muß man auf die eigentliche Intention und das globale Projekt, das sich vielleicht zwischen einem jungen Mann und einem Mädchen abzuzeichnen beginnt, achten. Oraison bemüht sich, die Fälle zu differenzieren. Tatsächlich darf man nicht alle Formen vorehelicher Beziehungen gleich beurteilen. Es ist schwierig, mit wenigen Worten eine Antwort auf dieses Problem zu geben. Sie hängt von einem ganzen Fragenkreis ab, den man heute zur Ehe und zum Ehesakrament stellt. In jedem Fall kann man aufrechterhalten, daß ein christliches Ehe-Vorhaben die Treue der Partner miteinschließt. Und man weiß, daß ein solches Ideal schwierig ist und daß es von Anfang an einen guten Teil Aszese und Disziplin verlangt. Auch die Sexualität muß im Zeichen des Kreuzes und der Erlösung gelebt werden. Unter einem solchen Gesichtspunkt ist der positive Wert der sexuellen Abstinenz in der Verlobungszeit zu befragen. Der Autor leugnet diese Möglichkeit keineswegs. Es wäre interessant, wenn er deren psychologische Bedingungen weiter erforschen würde.

Das sind die wenigen Bemerkungen, zu denen mich die Lektüre dieses Buches inspiriert hat. Sie haben viele andere erwähnenswerte Aspekte außer acht gelassen, aber mein Text sollte kurz sein. So bleibt nur noch, dem Leser großen Gewinn von der Lektüre des Buches zu wünschen. Möge er dessen Inhalt als Anregung zu persönlicher kritischer Reflexion nehmen. Das ist zweifellos auch der Wunsch des Autors, der seinerseits sicher nicht anstrebt, ein »vermeintlich wissendes Wesen« zu sein.

R. Simon, Professor am Institut Catholique